Até Quando?
ENSAIOS SOBRE DILEMAS DA ATUALIDADE

Até Quando?

ENSAIOS SOBRE DILEMAS DA ATUALIDADE

Dioclécio Campos Júnior

Manole

Copyright © 2008 Editora Manole Ltda., por meio de contrato com o autor.

Projeto gráfico e editoração eletrônica: Departamento Editorial da Editora Manole
Capa: Rex Design
Imagem da capa: Maria Abadia Ulhoa Barbosa

Dados Internacionais de Catalogação na Publicação (CIP)
(Câmara Brasileira do Livro, SP, Brasil)

Campos Júnior, Dioclécio – Até quando? : ensaios sobre dilemas da atualidade / Dioclécio Campos Júnior. -- Barueri, SP : Manole, 2008.

ISBN 978-85-204-2652-4

1. Brasil - Condições econômicas 2. Brasil - Política e governo 3. Civilização moderna - Século 21 4. Democracia 5. Ética 6. Problemas sociais 7. Violência - Brasil I. Título.

07-5377 CDD-361.10981

Índices para catálogo sistemático:
1. Brasil : Problemas sociais 361.10981
2. Problemas sociais : Brasil 361.10981

Todos os direitos reservados.
Nenhuma parte desse livro poderá ser reproduzida
por qualquer processo sem a permissão expressa dos editores.

1ª edição – 2008

Direitos adquiridos por:
Editora Manole Ltda.
Av. Ceci, 672 – Tamboré
06460-120 – Barueri – SP – Brasil
Tel.: (11) 4196-6000 – Fax: (11) 4196-6021
www.manole.com.br
info@manole.com.br

Impresso no Brasil
Printed in Brazil

À **Sofia e Ana**

Filhas ternas da vida;
Fios eternos da existência;
Raios de luz recém-nascidos do universo.
Inquietos borbotões da fonte;
Rebentos do afeto feito fato;
Netas perfeitas: o amor inato.

PREFÁCIO

Da banalização da violência no Brasil à essencial questão da ética nos tempos atuais; da evolução da democracia ao problema do desemprego e da perversa distribuição de renda no nosso País; da análise sobre o cinismo de alguns políticos em épocas eleitorais ao terrorismo no mundo de hoje; dos assuntos relacionados ao desafio de construirmos uma educação de qualidade à abordagem sobre os diversos temas do universo da saúde pública brasileira. Esta obra – que reúne os principais artigos do médico pediatra Dioclécio Campos Júnior, publicados na imprensa brasileira nos últimos anos – é uma lição de lucidez e sensibilidade da primeira à última página.

Muito mais do que um profissional de saúde competente e dedicado, Dioclécio Campos Júnior é um militante engajado e apaixonado pelas causas sociais. Coloca não apenas o seu conhecimento técnico e científico nas bandeiras que defende, mas, sobretudo, seu coração e suas emoções. Daí porque os textos compilados neste livro, sempre bem articulados e com um tom humanista, são tão contundentes e nos tocam tão profundamente, sendo capazes de provocar em todos nós o sentimento da indignação diante das mazelas que afligem a população brasileira cotidianamente.

Conheci o dr. Dioclécio em meados de 2005 quando ele foi ao meu gabinete apresentar uma proposta revolucionária: o anteprojeto de lei prevendo a ampliação da licença-maternidade de quatro para seis meses. Ali, naquele momento, começou uma sólida parceria e uma bela amizade. Imediatamente, aceitei o desafio de apresentar um projeto de lei no Senado Federal nos moldes da sugestão dele. Posso dizer que, hoje, dois anos depois desse primeiro passo, a campanha em prol da licença de seis meses, um sonho de Dioclécio, é um sucesso absoluto em todo o País. São quase 70 municípios brasileiros, além de nove Estados, que abraçaram a causa, e esse número não pára de crescer.

Tenho plena convicção de que o sucesso dessa campanha se deve à luta, à determinação, à competência e, sobretudo, à paixão do dr. Dioclécio pela causa da infância. Em pouco tempo, vimos que pediatras de Norte a Sul do País se mobilizaram em torno da iniciativa, incentivando parlamentares de várias cidades e Estados a defender essa idéia.

É gratificante ver que existem profissionais, como Dioclécio Campos Júnior, tão empenhados na missão de melhorar as condições de vida das nossas crianças e adolescentes. Não apenas com discursos e compêndios técnicos que nunca saem do papel. Mas com ações práticas, concretas, como o projeto da licença-maternidade de seis meses e propostas para que possamos melhorar a qualidade do nosso ensino público, como a da educação em tempo integral.

Sabemos que o melhor remédio para combater problemas como a violência, a exploração sexual e o trabalho infantil é investir nas crianças desde quando elas estão no ventre de suas mães. É, por exemplo, assegurando uma boa assistência no pré-natal, no parto e no pós-parto. É garantir tranqüilidade para as mães se dedicarem exclusivamente aos filhos nos seis primeiros meses de vida. É proporcionar o acesso à Educação Infantil. É implantando o ensino em tempo integral. Enfim, é oferecer às nossas crianças as ferramentas necessárias para que possam desenvolver todas as suas potencialidades e crescer com alegria e paz. É tudo o que todos nós queremos. Queremos viver em um País onde o ódio, o medo, a insegurança e a intolerância cedam lugar para a ética, o respeito, a solidariedade, a tolerância e a paz, como defende, com propriedade, Dioclécio, em seus artigos. Este livro, certamente, iluminará os nossos pensamentos e as nossas ações em busca de um Brasil melhor e mais justo para todos os brasileiros.

Senadora Patrícia Saboya

Coordenadora da Frente Parlamentar em Defesa dos Direitos da Criança
e do Adolescente no Senado Federal

SUMÁRIO

I DA BARBÁRIE À CIVILIZAÇÃO

1 ATÉ QUANDO?. 3
2 NOVA DIMENSÃO DA ÉTICA. 6
3 A SOCIEDADE DOS PROFETAS MORTOS*. 8
4 DE GULAG A GUANTÂNAMO* 11
5 IMPÉRIO DA TORTURA* 14
6 GUERRA E PAZ* 17
7 SADDAM, BUSH E A PENA DE MORTE* 20
8 A FACE OCULTA DO TERRORISMO 23
9 ESTADISTAS EM EXTINÇÃO* 26
10 BANALIZAÇÃO DA VIOLÊNCIA 29
11 QUANTO VALE A VIDA HUMANA? 32

II DO AUTORITARISMO À DEMOCRACIA

1 DEMOCRACIA POLÍTICA E DITADURA ECONÔMICA* 37
2 DEMOCRACIA INOFENSIVA 40
3 DESEMPREGO E GERAÇÃO DE RIQUEZA 43
4 RETRATOS DE PORÃO 46
5 ANISTIA SIM, AMNÉSIA NÃO 49
6 DEMOCRACIA DE CONVENIÊNCIA* 52
7 SABEDORIA CHINESA 55
8 O SORRISO DOS CANDIDATOS* 58

III DA CAPITANIA HEREDITÁRIA À ECONOMIA SUPERAVITÁRIA

1 DOIS PAÍSES CHAMADOS BRASIL. 63
2 O RISCO DO BRASILEIRO* 66
3 A ESCRAVIDÃO MODERNA. 68
4 ABOLICIONISMO EM COTAS* 71
5 ESCRAVOS, COLONOS E POBRES 74
6 CHEGA DE FUTURO! 77
7 BRASIL: UM PAÍS DE TODOS?*. 79
8 INFORMAÇÃO OU PROPAGANDA DE GOVERNO?* 82
9 CONTROLADORES DE VIDAS* 85
10 SERRA LEOA É AQUI* 88
11 AS INDEPENDÊNCIAS DO BRASIL. 91
12 SAÚDE E LIVRE MERCADO* 94

IV DO DIREITO DE NASCER AO DIREITO DE SER

1 INFÂNCIAS CLANDESTINAS. 99
2 INFANTICÍDIO À BRASILEIRA 102
3 OS PIGMEUS DO BOULEVARD. 105
4 CRIANÇAS NO LIXO* 108
5 CRIANÇAS OPERÁRIAS* 111
6 NATAL SEM FOME* 114
7 NATAL VERDADEIRO* 116
8 NATAL: JESUS OU NOEL? 119
9 ADOTE UM SER HUMANO 122
10 TRISTE FIM DOS CURUMINS. 125
11 PIXOTE II* 128
12 CANINOS OU MENINOS DE RUA?* 131
13 MENINAS PROSTITUTAS OU PROSTITUÍDAS?* 134
14 LICENÇA-MATERNIDADE: SEIS MESES É MELHOR* 137

V DO ECONÔMICO AO SOCIAL

1 INFLAÇÃO DE INDICADORES 143
2 A VELHA GREVE E OS NOVOS BANCÁRIOS* 146
3 COM QUANTOS BURACOS SE FAZ UMA RODOVIA 149
4 MAIS URBANISMO E MENOS AUTOMÓVEL* 152
5 SUA EXCELÊNCIA, O SISTEMA 155
6 OMISSÃO DE SOCORRO 158

VI DA EDUCAÇÃO PLENA À CIDADANIA

1 DO FUNDEB À EDUCAÇÃO PLENA* 163
2 ENSINO PÚBLICO EM TEMPO INTEGRAL* 166
3 A IMPORTÂNCIA DA LEITURA* 169
4 LEITURA E CIDADANIA 172
5 MUITO ALUNO E POUCO PROFESSOR 175
6 UNIVERSIDADE PÚBLICA E SOBERANIA 178
7 PRESÍDIOS OU ESCOLAS?* 180
8 MAIORIDADE PENAL: PALIATIVO DE SOCIEDADE DOENTE* 183

VII DA ARTE DO CUIDADO À CIÊNCIA DA CURA

1 AMOR E ÓDIO AO MÉDICO* 189
2 O FIM DA MORTE NATURAL* 192
3 HUMANIZAÇÃO DA MEDICINA* 195
4 AQUELES QUE DEVEM MORRER* 198
5 CURA OU PREVENÇÃO: FALSO DILEMA 201
6 A "DESPEDIATRIZAÇÃO" DA ATENÇÃO PRIMÁRIA À SAÚDE 205

VIII DA VIDA FINDA À MEMÓRIA DOS FINADOS

1 Os papas da minha geração 211

2 A rosa vermelha. 214

3 A morte do gigante Golias 217

---

* Ensaios publicados em diferentes datas, anteriores à publicação desta obra, nos jornais *Correio Braziliense*, *Jornal de Brasília*, *Jornal do Brasil* e *Jornal de Minas*.

CAPÍTULO I

DA BARBÁRIE À CIVILIZAÇÃO

"Eu gostaria de saber quais foram
os passos que a humanidade deu da
barbárie à civilização."

Voltaire

ATÉ QUANDO?

Até quando o triunfo do desatino belicista sobre o pensamento civilizado; o primado da força bruta sobre o entendimento cordial; a hierarquia do embuste sobre a têmpera da verdade; o signo do arbítrio sobre a sagração da liberdade; o domínio do dinheiro sobre a essência da vida; a ditadura dos indicadores econômicos sobre a paz social?

Até quando a fé na violência a pairar sobre a crença na justiça; o preconceito odiento a prevalecer sobre a ética da tolerância; a ânsia de destruição a imperar sobre a paciência construtiva; o orgulho guerreiro a predominar sobre a simplicidade fraterna; a pretensão de superioridade a preponderar sobre a utopia de uma só nação planetária?

Até quando a devastação da Terra-mãe; o esgotamento das nascentes; a poluição dos mares; a degradação da atmosfera; o desequilíbrio ecológico; a extinção de espécies animais e vegetais; a esquizofrenia delirante das cidades; as epidemias de miséria rondando lares e continentes; os vírus assassinos dizimando populações marginais da sociedade; o aquecimento irresponsável do planeta?

Até quando a humilhação do trabalho escravo; o escândalo da prostituição de crianças e adolescentes; a exploração da mão-de-obra infantil; o sofrimento infamante dos meninos mutilados nas carvoarias; a incapacidade física aviltante dos amputados na manufatura do sisal; a sobrevivência patética dos catadores de lixo; a multidão de famintos habitando o perigo da noite, desafiando a morte emboscada nos becos tenebrosos das madrugadas urbanas?

Até quando a horda alucinada de dependentes químicos, fantasmas errantes no sem-futuro do cotidiano sinistro; o massacre das etnias primeiras nos confins ignotos das reservas mal delimitadas e bem desprotegidas; os casebres pendurados nas ribanceiras, os barracos insalubres amontoados nas encostas, os guetos de deserdados amanhecidos nos refúgios das marquises acolhedoras; a aflição indizível do desemprego, coveiro de sonhos a desestruturar famílias e corroer gerações?

Até quando a carreira corrompida dos representantes do povo; a manipulação despudorada da opinião pública; a conspurcação consentida dos tribunais; a mídia serviçal dos mistificadores; a hipocrisia dos legisladores de conveniência; as políticas públicas como instrumentos da dominação de uma classe sobre outra; o deslumbramento com o luxo; a capitulação de ideais ante a perspectiva de vida fácil; os financiamentos imorais de campanhas, a venalidade partidária, o serviço público como valhacouto de carreiristas?

Até quando os corpos ensangüentados de crianças atingidas por bombas genocidas; o olhar de espanto, o semblante desesperado dos órfãos das guerras; o grito de pavor das viúvas ensandecidas à vista dos maridos tragados pelo fogo de tropas agressoras; o reinado da indústria bélica, essa usina de terror, fábrica de catástrofes e tragédias premeditadas?

Até quando o sacrifício de inocentes para gáudio arrogante de armadas profissionais; as ocupações de territórios, as mulheres violadas pelo caminho, os idosos de andar trôpego abatidos impiedosamente em seus domicílios; os campos de refugiados para socorrer vítimas desnorteadas das hecatombes; os fanatismos de direita ou de esquerda, os fundamentalismos religiosos ou econômicos; a história da humanidade como antologia de holocaustos?

Até quando a sinfonia macabra dos canhões, a cadência medonha das metralhadoras de última geração; a esteira esmagadora dos tanques blindados, pisando sobre terra invadida e triturando cadáveres de resistentes esquálidos, batizados de rebeldes em sua própria pátria; os bombardeios cirúrgicos que erram o alvo e matam sem anestesia; os aviões que despejam toneladas de explosivos sobre populações indefesas?

Até quando a impunidade dos chefes de Estado que fazem a guerra; dos governantes que mentem aos governados; dos líderes que distorcem informações e fraudam documentos para subjugar outros países, a pretexto de libertá-los; dos porta-vozes da beligerância estúpida que gera extermínios para evitar ameaças jamais comprovadas?

Até quando os impérios, as superpotências, o monopólio de armas nucleares nas mãos dos países que exigem o desarmamento dos outros; a discriminação de povos inteiros; a falácia da democracia ocidental; os organismos internacionais reféns de projetos de hegemonia?

Até quando os pobres e os ricos; a opulência e a miséria?

Até quando a supremacia da morte e a banalização da vida?

Até quando?

Nova Dimensão da Ética

Dando os trâmites por findos, ao final de mais um século, resta a perspectiva da ética como valor fundamental da convivência humana. Não a ética dos códigos e dos decálogos. Mas, acima de tudo, a sinergia das virtudes humanas imanentes que afloram no ato da descoberta de que homem algum é uma ilha. Essa percepção de que o eu deve sua existência ao outro, e que a vida social equilibrada e justa é decorrência da visão de alteridade, sem a qual o mundo se reduz à lógica devastadora do ego.

Desde as mais remotas eras, a sociedade humana busca o itinerário que a conduza à suprema conquista. Ensaiou regimes políticos e teocracias diversas. Sistematizou dogmas. Impôs preceitos. Queimou hereges, às vezes em nome de Deus, outras tantas em nome de Majestades ou, simplesmente, para equilibrar economias. Incursionou por caminhos ora iluminados, ora tenebrosos. Errou freqüentemente na dose. Provocou desastres e assimilou, a duras penas, as lições resultantes. Apesar de tudo, construiu seu patrimônio ético inicial, a base, o fundamento.

Nos dias de hoje, diante da decadência dos costumes e regimes sociais, da corrupção avassaladora que corrói o tecido institucional, da ação predatória do modelo econômico vigente, da destruição incontrolável da vida sobre o planeta, constata-se, com indisfarçável frustração, que a ética repressiva dos códigos e dos princípios morais esgotou sua capacidade de refrear o império do ego, a cupidez da dominação, a voracidade insaciável do poder pelo poder. Contudo, a despeito desse panorama pouco animador, há valores universais que sobrevivem latentes em todas as culturas e nações. Derrubados os muros, desacreditados os regimes de esquerda, e desmascarada a hipocrisia libertária de direita, tais valores começam a emergir como novo referencial para a convergência de homens e povos em torno de um humanismo espontâneo, altruísta, informal, cooperativo, respeitador, includente, feito da substância luminosa inerente à condição de *Homo sapiens* que, pretensiosamente, nos atribuímos.

A revolução necessária ao mundo moderno, cada vez mais desejada, é a conquista dessa nova dimensão da ética. Como disse, em entrevista, o festejado ganhador do prêmio Nobel de literatura de 1998, José Saramago, a insurreição ética é o único caminho possível para a superação das desigualdades e injustiças com as quais nos habituamos a conviver.

A concepção de uma ética espontânea é una e indivisa. É grandeza imanente à condição humana que, pelo fato mesmo, pervade e permeia o pensar, o fazer, o agir, o amar da nossa espécie. Por isso, ela transcende as categorizações médica, advocatícia, econômica, científica, política, religiosa, moral etc., porque não cabe falar em especialidades éticas. Dispensa códigos e instrumentos de coerção, porque não pode ser imposta. É atemporal e imutável, diferentemente das leis que são circunstanciais e cambiantes.

A ética da humanidade, no terceiro milênio de sua história de imprevisível sobrevivência, há de brotar do germe da consciência universal, semeado em todas as mentes, plantado nos muitos territórios, presente nas igualdades conquistadas, intransigente no direito às diferenças, latente, cheio de vida, pleno de viço, irresistível, pronto para a eclosão grandiosa. É a força misteriosa do fenômeno humano, dotada da energia de expansão universal que a difunde, a dissemina e a faz alastrar-se pela face da Terra, tornando-a planetária. É o acervo virtuoso e virtual de categorias de valor que passam a envolver a Terra com a uniformidade de uma nova camada surgida do processo evolutivo das espécies que a povoaram e lhe conferiram vida. É a noosfera de Teilhard de Chardin, visão sublime da convergência de fervores vitais, sem os quais a experiência da espécie humana desaparece entre tantas outras que se extinguiram. Exatamente como disse esse eminente pensador francês, com estilo ao mesmo tempo científico e poético em sua obra: "Na verdade, duvido que haja, para o ser pensante, minuto mais decisivo do que aquele em que, caindo-lhe a venda dos olhos, descobre que não é um ser perdido na solidão cósmica, mas que uma vontade universal de viver nele converge e se hominiza." Uma utopia, talvez. Porém, a mais nobre de todos os tempos.

A Sociedade dos Profetas Mortos

A sobrevivência das sociedades humanas resulta do protagonismo de duas lideranças diametralmente opostas: a dos guerreiros e a dos profetas. Os primeiros, fascinados pela destruição. Os segundos, obcecados pela paz.

Se é verdade, como parece, que o progresso da humanidade é fato incontestável, cabe reconhecer que a herança dos profetas tem prevalecido ao longo dos tempos. Caso contrário, a espécie humana não teria qualquer futuro. Já teria desaparecido da face do planeta.

Desde a Antiguidade, esses arautos da paz desempenham papel moderador dos impulsos destrutivos que povoam o inconsciente do indivíduo e, por extensão, o da coletividade. Suas ações subvertem a ordem fundada na lógica dos instintos primitivos da espécie e promovem o crescimento da consciência ética, único processo evolutivo que vale a pena alcançar. A influência dos profetas pacifistas determina a primazia da vida sobre a morte e gera os ciclos de progresso e o avanço da civilização. Ao contrário, quando predominam os guerreiros, a catástrofe e o sofrimento condenam o homem ao retrocesso, ao desespero, ao desaparecimento. O historiador inglês Henry Thomas sintetiza em sua *História da raça humana*: "Parece existir uma lei histórica definida que rege a vida e a morte dos povos. Essa lei, resumida em poucas palavras, seria a seguinte: os povos que vivem mais tempo são os pacifistas da terra, isto é, aqueles que abandonam seus guerreiros e seguem seus profetas."

Apesar da clareza das lições da história, alguns países do mundo moderno ainda buscam na selvageria da guerra o caminho para afirmar sua hegemonia ou para conquistar riquezas à custa do sacrifício de populações inteiras e da destruição de extensas áreas de um planeta cada dia mais enfermo. Trata-se da mesma concepção expansionista do passado, amplificada em sua ação deletéria pela utilização da ciência e tecnologia a serviço da construção violenta de novo império. Não por acaso, Voltaire formulou a célebre pergunta que não quer calar: "Quais foram verdadeiramente os passos que a humanidade deu da barbárie à civilização?"

Por tudo isso, o atual massacre do povo iraquiano revela, no pavor de um pesadelo quase apocalíptico, o indisfarçável esgotamento moral da superpotência econômica da modernidade, os Estados Unidos e seus dóceis aliados. De fato, nenhuma razão válida justifica o hediondo crime de lesa-humanidade que estão a cometer. Na contramão da história, pretendem impor, ao país que covardemente bombardeiam e invadem, o fracassado modelo de democracia que permitiu chegar à Casa Branca, por meio de processo eleitoral de questionável lisura, um líder guerreiro cujo equilíbrio e sanidade mentais nenhum psiquiatra que se preze ousaria atestar. Ademais, não cabe falar em modelo de democracia num país onde a atividade econômica primordial é a indústria bélica, cujos produtos se prestam unicamente a dar vazão ao que de pior existe nos porões da mente humana: a destruição e a morte. A propósito, Aldous Huxley já observava em 1959: "Vemos esse espetáculo extraordinário e paradoxal de habilidades, conhecimento, devoção, trabalho e dinheiro sem precedentes ser esbanjado em projetos que não poderão levar à vida, à liberdade, à felicidade, mas apenas à miséria, à servidão e à morte."

Nada edificantes são, também, os exemplos que mostram como a sociedade norte-americana trata os que renegam a cultura belicista entranhada na prática da maioria dos seus governantes. Como elimina os que defendem a civilização e não a barbárie, os que pensam e concebem um planeta sem fronteiras e sem hegemonias. Abraham Lincoln, o presidente que proclamou o fim da escravidão no país, afirmou: "É possível enganar muita gente durante pouco tempo. É possível enganar pouca gente durante muito tempo. Mas é impossível enganar todo mundo durante todo o tempo." Foi morto brutalmente em Washington. John Kennedy, o mais ilustre dos presidentes democratas, sentenciou: "Se as sociedades livres não puderem ajudar os muitos que são pobres, não poderão jamais salvar os poucos que são ricos". Foi assassinado em Dallas com um tiro na cabeça. Martin Luther King, profeta da não-violência, antevendo a morte, assim se expressou: "Sim, se quiserem dizer algo, digam que fui um arauto: um arauto da justiça, um arauto da paz, um arauto do direito." Foi fuzilado em Memphis.

Os norte-americanos sempre fizeram a opção pelos líderes guerreiros. Construíram, assim, uma sociedade de profetas mortos. Em 11 de setembro de 2001, sofreram, em casa, a trágica conseqüência da infeliz escolha.

A agressão ao povo iraquiano desperta reação pacifista no mundo inteiro, inclusive nos Estados Unidos. É a marcha dos profetas vivos exaltando os valores da tolerância, do respeito, da solidariedade, da paz, que deverão triunfar sobre a lógica guerreira que leva a extermínios e genocídios doravante inaceitáveis. O governo Bush está cavando a própria sepultura no deserto. Ninguém vai chorar o fim de sua era.

De Gulag a Guantânamo

A certeza absoluta mora nos manicômios ou nos redutos do fanatismo. Aí estão pessoas que externam convicções inabaláveis de que são Napoleão Bonaparte, Jesus Cristo ou encarnações do bem contra o mal. Ninguém conseguirá jamais dissuadi-las de sua certeza. Não têm a menor dúvida do que dizem ser, nem da validade do que fazem.

Com muito custo, a sociedade humana aprendeu que a dúvida é a saúde do espírito, vale dizer da mente. Que a verdade é relativa e o conhecimento cambiante. Por isso, o grupo dos absolutamente convictos ou fanaticamente soberbos não pode conduzir os destinos da humanidade. Nas vezes em que o fizeram, faltou juízo e sobrou desatino. A história da civilização é farta de exemplos desse protagonismo desastrado.

Para os que estão possuídos por verdades absolutas, a divergência é crime, o contraditório é heresia, a discórdia é dissidência. Quando essa intolerância infiltra-se no Estado, converte-se em política, que se afirma pela força, que se impõe como guardiã do bem, que gera impérios, que se mantêm pela prática de horrores contra a raça humana e pela ocupação devastadora de extensas áreas do planeta.

Os convictos delirantes não alcançam ver que se pode pensar diferentemente deles, viver outros hábitos, vestir outras roupas, preferir outras cores, rezar outras preces, falar outros idiomas, sonhar outros sonhos, digerir outras proteínas, divisar outros horizontes. Sua verdade é a única. Sua missão é salvadora. Sua cruzada vencerá a resistência dos ímpios, a qualquer preço, sempre em nome de algum deus, também reivindicado como único e exclusivo. Descontadas as diferenças de linguagem e cultura, seus discursos têm quase tudo em comum. São melodramáticos, emocionais. Acompanham-se de gestual que tangencia a histeria. Nunca pregam a paz, sempre a guerra, a destruição dos diferentes. Abusam de palavras como liberdade, justiça, coragem, heroísmo, democracia, com as quais reúnem e arrebatam as massas para sustentá-los em seus desvarios.

No clímax da guerra fria, denunciou-se, à exaustão, o tratamento desumano que os governantes da antiga União Soviética dispensavam a dissidentes, opositores do regime comunista, acusados de delitos de opinião, presos políticos e prisioneiros de guerra. Sibéria era, então, sinônimo do inferno de Dante. Nada pior, nada mais hediondo e infamante. A imposição de castigos cruéis, sofrimentos atrozes e execução sumária de prisioneiros sem direito a defesa, sem acesso a advogado. Embora tanta maldade não fosse inédita na história, os fatos e as fotos apavoraram a opinião pública. É dessa época a obra principal do escritor russo Soljenitsin, intitulada *Arquipélago Gulag*, narrativa impressionante que divulgou o terror oficial nos campos de concentração, marca do comunismo soviético.

A base militar americana de Guantânamo – implantada em território cubano – converteu-se atualmente em campo de concentração para prisioneiros capturados durante os bombardeios de populações inermes, conhecidos como guerra contra o terrorismo. Nada diferente de Gulag. Apenas mais moderno, dotado de cubículos planejados para torturas, técnicas de desorientação mental irreversível e uniformes fluorescentes para os presos. Além disso, os detentos não são considerados prisioneiros de guerra, mas combatentes inimigos, um eufemismo cínico forjado para negar-lhes os direitos assegurados pelas convenções internacionais, que os americanos não respeitam.

Os recentes massacres dos povos afegão e iraquiano – origem dos miserandos ocupantes das masmorras de Guantânamo – incluem-se na longa lista de crimes contra a humanidade, que vão ficando sem julgamento porque os responsáveis detêm o poder.

Todo império precisa de campos de concentração para calar os que pensam ou agem fora dos limites das verdades absolutas que lhe dão origem. No século passado, dois impérios fundados em verdades opostas disputavam a hegemonia do mundo. Um deles, o soviético, ruiu. Faltaram-lhe pernas para o salto que projetara. Restou o outro, o americano, revigorado pela sensação de triunfo definitivo de sua verdade absoluta. Acabará também ruindo, como o soviético, pela mesma intolerância com os diferentes. Por isso, Gulag não acabou. Apenas mudou de nome e endereço. Agora funciona em Guantânamo, sob o comando dos EUA. Enquanto houver impérios sobre o planeta, o *Homo sapiens* não emergirá dos porões do fanatismo nem da certeza cega dos internos dos manicômios, que são as verdadeiras escolas dos imperadores de todos os tempos.

Império da Tortura

A supremacia militar de uma cultura faz a humanidade refém do obscurantismo, onde vivem latentes os temíveis demônios da violência sem limite. Não há exceção histórica. O que a guerra liberta não é um povo ou um país. Liberta, de fato, os piores instintos dos exércitos vencedores, que passam a se acreditar senhores dos vencidos, aos quais impõem suas verdades. Dominam pelo medo, quando não pelas formas mais degradantes de torturas físicas e mentais.

As ferramentas da maldade estão exibidas em museus da Europa e nos noticiários da atualidade. Nunca deixaram de ser fabricadas. São instrumentos, de engenhosa crueldade, utilizados para fazer sofrer e degradar prisioneiros. Mostram como tropas de todos os tempos e todas as etnias recorrem à tortura para calar consciências que dificultam os saques e humilhações, que sempre estiveram por trás de todas as campanhas militares desencadeadas em nome de Deus, da pátria, da democracia, da raça pura, da liberdade ou de qualquer outro valor usado para conferir nobreza à barbárie.

As fotos de prisioneiros iraquianos humilhados e ofendidos pelos soldados americanos e britânicos, divulgadas em todo o mundo, são repugnantes. Revoltam até o cidadão mais indiferente, cuja sensibilidade encontra-se já anestesiada pela banalização das tragédias e pela monotonia do terror. Trazem de volta a selvageria mórbida dos nazistas, na versão moderna dos crimes contra a humanidade.

O germe do holocausto mora no inconsciente dos povos dominadores, no de seus tiranos e comparsas sanguinários, que nunca perderam oportunidade para dar vazão à energia dos monstros que hospedam em suas almas e das feras que povoam a selva de sua imaginação corrompida.

As marcas mais recentes dos horrores do império norte-americano são os corpos de homens nus, amontoados uns sobre os outros, espancados, estuprados, urinados, desrespeitados em seu pudor, submetidos a choques elétricos, empalados com cabos de vassouras e atordoados pelas gargalhadas sinistras dos algozes democratas, cristãos, libertários – homens e mulheres – que lhes invadiram o país para salvá-los do inferno de Saddam Hussein.

A guerra do Iraque vai deixando como saldo – além das vidas destruídas pela bestialidade de governos degenerados – a prova de que os tiros em Columbina, nos Estados Unidos, não são um fato isolado. Revelam os sintomas de graves distúrbios comportamentais que se difundem na sociedade estadunidense e se reproduzem, longe de casa, na conduta de seus soldados violentos, treinados para as tarefas de torturar e matar impiedosamente.

Só a psicopatologia coletiva pode explicar a popularidade do chefe de Estado norte-americano, que se diz presidente da guerra e se comporta como porta-voz da indústria bélica. Ao fazê-lo, assume, por extensão, a responsabilidade por atos praticados pelas tropas que mobilizou para dominar o povo iraquiano, a pretexto de implantar a democracia e a liberdade no mundo muçulmano.

A sociedade planetária não pode mais adotar o critério de dois pesos e duas medidas para apreciar a autoria dos crimes hediondos que continuam a manchar sua história. Não pode tolerar a tortura, esta suprema covardia que abastarda a condição humana, revoga o direito à vida, desfigura a dignidade da pessoa detida e inerme, para ensejar o orgasmo macabro de guerreiros pervertidos, cuidadosamente versados em sessões de horror, movidos pelo sadismo secretado por mentes insanas que desmerecem a vida no planeta.

A imoralidade abjeta da tortura não tem pátria, nem religião, nem é apanágio de uma determinada cultura, como se viu. É, antes de tudo, uma anomalia ética inaceitável em qualquer situação. Por isso, julgar Saddam Hussein, poupando Bush, equivale a sentenciar Hitler, exaltando Mussolini. Cada um deles, ao seu modo, demonstrou, no poder, idêntica perversão, igual apetite para o arbítrio, o ódio e o uso da força bruta para sustentar sua soberba, seus caprichos autoritários. Essa truculência abominável, ainda persistente na história, está tipificada na categoria dos crimes contra a humanidade. A gravidade do delito não pode ser atenuada pela hipocrisia do pedido de desculpas. A sociedade globalizada somente fará sentido se os mentores da guerra e seus cúmplices forem submetidos a julgamento internacional e punidos com rigor equivalente à extensão e profundidade dos danos que causaram à espécie humana, ao meio ambiente e ao planeta em que vivemos.

GUERRA E PAZ

Nada permite afirmar que a humanidade conhecerá a paz duradoura no terceiro milênio. O homem está longe de romper com a barbárie que caracteriza suas ações no planeta. O germe da estupidez continua a comandar o espetáculo cotidiano. A vocação sanguinária de todos os impérios prevalece sobre a timidez dos valores éticos. A dominação econômica desconhece limites. A exploração do ser humano não tem lugar preferencial para ocorrer. O respeito pelo diferente, base da tolerância, é virtude que pouco se cultiva. Não há maior interesse em se estabelecer harmonia entre os povos, igualdade entre as pessoas, garantia de direitos aos cidadãos. A única lei que se cumpre é a do mais forte. A única verdade que se difunde é a dos poderosos. A Terra já não é mais a mesma, devastada em todos os paralelos; só é azul à distância.

A espécie *Homo sapiens* revelou admirável vocação tecnológica desde sua aparição há mais de trinta mil anos. Nem tão admirável foi a ética que a conduziu ao longo de todas as eras da história. Os avanços da tecnologia aumentaram o conforto material do homem. Quase nada acrescentaram, porém, à qualidade das relações entre os indivíduos socializados em pessoas. Menos ainda entre governantes travestidos de estadistas. As descobertas da ciência são indiferentes à promoção do bem comum. Apenas oferecem novos meios. Quem estabelece os fins é o homem. Por isso, salvam vidas a varejo da mesma forma que matam por atacado quando a serviço da morte em escala coletiva.

A maior ameaça da atualidade não é o HIV nem a gripe aviária. É a insanidade do pensamento que mantém a indústria bélica e nutre a economia dominante às custas da guerra perene. Nada justifica a selvageria dos guerreiros de hoje, tampouco as matanças do passado. A legislação sobre os crimes contra a humanidade torna-se mais explícita no presente.

Sustenta a punição dos responsáveis pelos massacres de populações indefesas cometidos em nome de qualquer causa, como tentativa de imposição do modelo de democracia ocidental a todos os povos, atitude desprovida da mínima essência democrática. Ao mesmo tempo em que o Iraque ocupado se degrada em chacinas hediondas para implantar a estrutura de poder definida pelos ocupantes, palestinos e israelenses matam-se com as armas que lhes são vendidas pelos empresários da morte. Já não sabem viver em outra paisagem que não seja a da devastação. Por seu turno, libaneses e israelenses destroem-se em conflito ensandecido que deixa inocentes mortos em ambos os países.

A diplomacia mostra-se inoperante para evitar a tragédia da guerra. Os organismos internacionais já não escondem a condição de palcos suntuosos para a arte cênica dos opressores. Quando desagradam ao império norte-americano, as decisões da ONU são ignoradas. Prevalece a posição imperial fundada na soberania do mercado onipotente, divindade a que todos devem culto e obediência. É a doutrina do novo monoteísmo capitalista que se quer impingir aos infiéis da modernidade, versão reciclada da catequese dos gentios que dizimou as populações indígenas há quinhentos anos. Naquela época, como agora, o genocídio continua a compensar. A impunidade poupa os executores, cuja ação dolosa desaparece na trama da hipocrisia que alimenta o poder.

Os abusos praticados sob a égide do império americano derivam da lógica expansionista da sua economia hegemônica. Da mesma lógica resultam as violências perpetradas pela guerra ao terrorismo, que inclui ações militares contra populações civis para prevenir ataques em suposta preparação. A família do eletricista brasileiro Jean Charles sofre a dor irreparável dessa brutalidade e o desdém dos autores da covardia impune que o fuzilou no metrô de Londres.

A vida humana nunca valeu tão pouco. As imagens difundidas diariamente pela televisão são aterradoras. O pavor estampado nos olhares de crianças retiradas dos escombros provocados por bombardeios assassinos é dilacerante. O pranto desesperado de mulheres e homens abraçados aos corpos cobertos de sangue dos filhos atingidos por explosões alucinadas é desolador. De tão repetitivas, esgotam a sensibilidade dos espectadores, banalizam-se. Ninguém reage. A rotina da guerra sepulta a indignação.

Inexistem evidências de que a espécie humana surgiu para se perpetuar no planeta. Muitas outras já desapareceram da face da Terra. Só a ética da paz verdadeira e definitiva garantirá a sobrevivência da humanidade. É a construção que cabe fazer. Pode ser uma utopia. Mas fora dela, não há lugar para a vida.

Saddam, Bush
e a Pena de Morte

Quanto mais a sociedade evolui no respeito aos princípios éticos e aos direitos humanos, mais se distancia da adoção da pena de morte. Nem poderia ser diferente. É impossível conciliar a visão moral do presente com as práticas absurdas do passado.

Esse importante avanço jurídico independe da riqueza material das nações, nem sempre obtida por meios lícitos. O desenvolvimento econômico de um país não garante o avanço ético de seu povo. Pode, ao contrário, contribuir para a insensibilidade humana quando a abundância de bens materiais torna-se valor existencial único. Permite até que o país ascenda à condição de potência hegemônica, mas não assegura os requisitos do comportamento civilizado que se espera. Por isso, a pena de morte resiste ao tempo. O poder coabita mal com a justiça. Não a aceita como conselheira. Tem-na como adversária indesejável. Faz de tudo para subjugá-la.

A pena de morte testemunha o atraso de boa parte da humanidade. Comprova a sobrevivência do obscurantismo intelectual. Desvela a brutalidade que ainda subjaz intocada nos porões do inconsciente. Expressa a voz dos arquétipos da selvageria a ecoar no mundo moderno. A sociedade não pode ser igual ao criminoso que condena. Nem pior. Tem de ser melhor. Ao apenar o sentenciado com a mesma crueldade de que é acusado, iguala-se a ele.

O enforcamento de Saddam Hussein foi uma lástima. Recuperou a lei de Talião. Fez prevalecer o código mais arcaico de que se tem notícia, o do "olho por olho, dente por dente". O povo iraquiano perdeu oportunidade de fazer justiça segundo cânones civilizados, mais consentâneos com a reconstrução da convivência coletiva pelos caminhos da ética. Pagou o preço da violenta ocupação americana. Submeteu-se aos caprichos de Bush. Acelerou a execução de personagem condenado em processo que tem a eiva dos vícios de origem. Satisfez a expectativa do imperador. Deu-lhe o cadáver valioso de que necessitava. O troféu que faltava à sua alucinada biografia. Uma aventura que já custou a vida de centenas de milhares de inocentes e a de mais de três mil soldados do império. Sem considerar a destruição de patrimônio monumental da rica história da Mesopotâmia – bombardeado sem clemência –, a devastação do meio ambiente e a prática de torturas que enrubesceriam até os carrascos da Santa Inquisição.

A invasão do Iraque fez-se à revelia da ONU. As razões invocadas pelos invasores revelaram-se infundadas, mentirosas. Nenhuma medida foi adotada contra os países que desrespeitaram o colegiado máximo das nações. A ONU apequenou-se. Não tem mais autoridade para impor sanções aos membros que violam os acordos e convenções internacionais. Suas decisões têm sido unilaterais, suspeitas, discriminatórias. Nada fez para conter a arrogância encenada pelo presidente Bush no melodramático psicodrama de conveniência utilizado para enganar a opinião pública. Ao contrário, a insanidade correu solta e desenvolta. Matou sem compaixão. Humilhou sem escrúpulo. Exterminou sem piedade. Tudo em nome do triunfo da democracia ocidental, imposta, pré-moldada.

O julgamento e a execução de Saddam foram atos pirotécnicos da tragicômica guerra contra o terrorismo. O processo teria sido exemplar se realizado fora do país dominado pelos americanos. Porém, não se conseguiu desaforá-lo. A punição poderia ser diversa da pena de morte, porquanto definida por tribunal isento, independente.

A comunidade internacional não tem o direito de se omitir diante dos horrores da guerra do Iraque. Aceitá-los é conivir. Manter-se passiva é capitular. Apoiá-los é condescender moralmente. É hora de agir. É hora de julgar o presidente George W. Bush, assegurando-lhe o amplo direito de defesa que tem negado aos prisioneiros de Guantânamo. Os crimes que cometeu contra a humanidade são muito graves. Não podem seguir impunes. Conspurcam as instituições que lutam pela igualdade de direitos e deveres, fundamento da civilização planetária que emerge no horizonte do novo milênio.

A ONU é instância desacreditada. Só recuperará a respeitabilidade perdida se ensejar o julgamento das barbáries comandadas por Bush e aliados, punindo-os à altura das inúmeras transgressões que cometeram. Não basta rosnar para a Coréia do Norte ou intimidar o Irã para defender o monopólio da energia nuclear que as superpotências insistem em deter. É preciso ir muito além. Urge alargar o conceito de tirania para que inclua também os que agem como donos do mundo. A era dos impérios está ultrapassada. A humanidade é maior que todos eles.

A Face Oculta do Terrorismo

No dia 12 de março de 2004, onze milhões de espanhóis saíram às ruas para chorar as vítimas do atentado que atingiu trens de passageiros em Madri, matando 201 e ferindo mais de 1.000 deles. No ano de 2006, 160 milhões de brasileiros não saíram às ruas para chorar as vítimas de homicídios que, durante o ano, somaram 30.000 indivíduos. De diferente entre os dois fatos apenas a forma, os efeitos especiais e a comoção que cercam a morte violenta produzida pelos ataques terroristas.

Diferente, também, o caráter agudo do impacto emocional gerado por muitas mortes no mesmo instante. O sofrimento é abrupto, dilacerante. Revela a sensação de fragilidade do ser humano, latente no fundo da alma como incômoda dimensão da realidade, pronta para ser despertada pela contundência do terror. Assim foi em 11 de setembro, em Nova York. Assim foi em 11 de março, em Madri. O sofrimento das perdas entrelaça-se com a insegurança que se propaga como neurose coletiva diante da ameaça de um calendário secreto de tragédias futuras, tramadas em endereços desconhecidos.

No caso dos homicídios, a dor da perda é exclusiva dos familiares. Não cria comoção solidária. É banal, rotineira. Não poupa classe social, nem grupo etário. O rosto das vítimas costuma ser jovem, sujo de pobreza, escuro de cor. A imagem de seus corpos perfurados, banhados em sangue, é presença corriqueira na televisão, em programas de grande audiência que mostram a realidade. Poucos choram esses mortos. São os finados do dia-a-dia, meros algarismos das cifras que crescem nos relatórios da burocracia policial ou nas estatísticas de mortalidade. São executados com a mesma indiferença com que se "deleta" uma frase no computador.

Não faltam armas para a matança do nosso cotidiano. Nem pistoleiros. Os processos de investigação abarrotam, amarelados e gastos, os armários carcomidos das delegacias de polícia, onde mofam sem solução. Dos crimes investigados, 1% é esclarecido. Os autores dos demais restam ignorados. Continuam matando. Soltos e desenvoltos. Por hábito ou necessidade, buscam vítimas. Entre nós mesmos. Ao contrário dos atentados terroristas, os alvos não são escolhidos de forma premeditada. A seleção é aleatória. Coisa de momento, de impulso instintivo que delibera e executa. Eis o quanto vale a vida do cidadão no milênio que se inaugura.

É indiscutível a necessidade de eliminação das armas de destruição em massa. São condenadas – com suspeita unanimidade – até mesmo pelos países que as produzem e exportam. Não se condena, contudo, a fabricação e venda de armas de fogo. Ao contrário, há autoridades e políticos que advogam a liberação de seu uso. A legislação pertinente termina sendo, por isso mesmo, tímida no seu alcance. A destruição da vida, em escala individual, parece ser aceita. Até estudantes de segundo grau já entram armados em salas de aula.

No cinema e na TV, a arma de fogo é o equipamento mais utilizado pelos personagens, com absoluta naturalidade. Aliás, não é de hoje que se mata no cinema. Desde os faroestes de antigamente até as chocantes chacinas dos enlatados de hoje, os heróis ostentam a arma de fogo que manobram com destreza incomparável. Representam a figura do bem que triunfa sempre, impondo-se aos agentes do mal por meio de imbatível capacidade de puxar o gatilho antes do adversário. Não há herói sem revólver, e o bem só vence o mal no tiro. Não há fronteira entre a violência virtual e a real. Uma incentiva a outra.

A execução de 30.000 brasileiros por ano não chega a impressionar. Resulta do uso diário das armas de destruição individual. Como é de 71 anos a expectativa de vida do brasileiro ao nascer, os anos potenciais de vida assim perdidos – aproximadamente 1.350.000 – configuram tragédia maior do que a causada pelos atentados ocorridos em todo o planeta, no mesmo período. É o terrorismo difuso, desorganizado, acéfalo, sem ideologia nem religião. Espécie de terror crônico, em gotas, que não dá manchete nem ibope. Que mata qualquer um em qualquer lugar. Imprevisível como o terror agudo, não chama atenção para os estragos que provoca porque faz vítimas a varejo e não por atacado.

Armas e paz não combinam. Só é pacífica a sociedade desarmada. O terrorismo – agudo ou crônico – tem causas sociais e econômicas que não se resolvem com armas nem com tropas. Insistir no caminho do "olho por olho, dente por dente" é inviabilizar de vez a civilização. Ou abolimos as armas e eliminamos as injustiças sociais, ou terminaremos todos cegos e desdentados.

ESTADISTAS EM EXTINÇÃO

Uma das espécies mais ameaçadas de desaparecimento é a dos estadistas. As regras que presidem as relações de poder na sociedade contemporânea são incompatíveis com a sua sobrevivência. A paixão pela coisa pública, fundada em bases éticas, parece ser valor humano superado, fora de moda, coisa do passado.

A atividade política deixou de ser área de atuação para militantes do idealismo ou das utopias humanitárias. Converteu-se em instrumento para negócios escusos, práticas obscuras, tráfico de influência, vilanias inqualificáveis e espertezas repugnantes. Há exceções, sem dúvida. Cada vez mais raras, contudo.

O que menos conta para os governantes do mundo de hoje é a vida dos governados. A prioridade é o exercício do poder na perspectiva da transação de interesses entre os membros da corporação de dirigentes. Os verdadeiros chefes de Estado perderam terreno. Perderam lugar numa realidade em que o discurso ético não ressoa mais. Em que os mais fortes nunca tiveram tanta desenvoltura para mostrar as garras sanguinárias com as quais dominam os mais fracos.

A revelação de que o governo britânico acompanhou os passos e as conversas telefônicas do secretário-geral da ONU, nas semanas que antecederam a invasão do Iraque, atesta a existência de algo muito podre naquele reino. Mais grave do que o conteúdo da revelação – por si só vergonhoso – foi a reação do primeiro-ministro Tony Blair. Flagrado em conduta criminosa, tentou justificar, com a fleuma dos grampeadores profissionais, um ato incompatível com o comportamento civilizado que se espera de alguém no exercício de função pública proeminente num país de tradição democrática. Para defender o indefensável, invocou o segredo de Estado como conceito que o autorizaria a mandar espionar a vida alheia. Sem limites. Em qualquer território. Até mesmo na intimidade do gabinete da autoridade máxima das Nações Unidas. Atingiu, assim, com violência, a instituição que, embora frágil, busca edificar a convivência internacional sobre o alicerce do entendimento equilibrado. E o fez para impedir a solução diplomática do impasse e precipitar o ataque impiedoso que arrasou o Iraque, matando milhares de civis em nome de discutível processo de democratização imposto pelas armas.

A transgressão ética cometida dispensa discussão. Foi infame. Grotesca. Estendeu-se em amplitude porque alcançou também os inspetores da ONU, visando a esvaziar um trabalho paciente e cauteloso destinado a descobrir supostas armas de destruição em massa, jamais encontradas. Como se poderia imaginar, a Inglaterra não agiu de forma solitária na abominável manobra de espionagem. Segundo a imprensa internacional, ela contou com a participação dos governos da França, Rússia e outros países igualmente interessados na destruição das cidades iraquianas e na divisão de um butim abundante em petróleo e projetos de reconstrução do país devastado.

Os estadistas foram derrotados. Não tiveram tempo para agir. As armas silenciaram-lhes as vozes, depois de escutá-las à socapa e decifrarem os diálogos que concertavam a solução negociada e pacífica, contrária aos interesses das potências nucleares que – estas sim –, possuem arsenal de destruição em massa, exibidos sem pudor no permanente ritual de demonstração de força.

O episódio não é excepcional. É deprimente. Demonstra o desprezo pelos princípios éticos que tentam sobrepor-se à tirania e à violência. Revela o quanto a humanidade anda distante do estágio de civilização plena, no qual a razão prevalece sobre o instinto e eleva a condição humana a instâncias superiores à do substrato selvagem do animal que lhe deu origem. É um novo ciclo de barbárie difusa em que o presidente da república da maior potência mundial pode gabar-se, com orgulho e desfaçatez, de ser o presidente da guerra. A verdadeira antítese do estadista, cuja idéia obsessiva é a paz e o respeito entre os povos.

A espionagem tornou-se prática rotineira. A diplomacia do grampo telefônico roubou a cena nas relações internacionais. A solução dos conflitos é assunto para a tecnologia da escuta clandestina, não mais para interlocutores qualificados, serenos, comprometidos com a primazia dos valores civilizatórios capazes de tornar o homem digno do planeta que recebeu pronto. Hitler parece ter criado escola, servindo de modelo para muitos chefes de Estado da atualidade. A invasão da privacidade como medida de controle do cidadão e o fascínio pelo holocausto são os pilares do horror em que se apóia a paz que dizem construir.

A ecologia política não pode prescindir dos estadistas. Sem eles, não há equilíbrio possível. O século que passou conheceu poucos deles. O atual já mostra sinais de sua ausência. Resta a esperança de que se reproduzam no cativeiro onde sobrevivem os últimos dos seus descendentes.

BANALIZAÇÃO DA VIOLÊNCIA

A pior anestesia é a coletiva, a indiferença que se apodera das pessoas e as impede de reagir a estímulos dolorosos do dia-a-dia. Uma espécie de torpor, quase coma, embota-lhes a consciência, turva-lhes a visão, elimina-lhes a sensibilidade. "Cada qual no seu canto e em cada canto uma dor", para usar o verso de Chico Buarque. O cidadão recolhe-se ao refúgio possível. Sua casa, seu silêncio, seus medos, sua solidão bastam-lhe. A tragédia do vizinho não o abala, nem o comove, é do outro lado do muro. A violência é assunto de noticiário. Não o afeta. Um pouco como o câncer, que só dá nos outros. Vive como se estivesse protegido no interior de uma redoma, inatingível. Ignora o que se passa fora da clausura do seu ego. A solidariedade humana parece-lhe coisa de religião, uma pieguice.

Esse comportamento nada mais é que a busca de mecanismos de defesa diante da realidade assombrosa, desesperadora, que ronda os lares, ameaça vidas e atenta contra o patrimônio. Enquanto isso, as autoridades responsáveis pela segurança dos cidadãos discursam, explicam, defendem-se, justificam, prometem, mas nada fazem. A violência então expande-se, brutaliza-se, difunde-se, banaliza-se. As desigualdades sociais, que incontestavelmente geram a miséria e ensejam condutas criminosas, tampouco são resolvidas. Persistem e intensificam-se desde o Brasil-Colônia. Agravaram-se, nos últimos tempos, com a escalada do desemprego e a migração caótica para os centros urbanos. Nunca foram tratadas com as medidas que se fazem necessárias à justa distribuição da riqueza nacional, único caminho para a solução do impasse.

Os jovens pagam o preço mais caro. As transformações físicas e emocionais que agitam seu equilíbrio mental, na passagem da adolescência para a idade madura, somam-se ao desencanto dos tempos atuais, que rouba esperanças, anula sonhos, nega perspectivas. Nada conseguem ver além do hoje, do presente, do instante temporal, que querem viver sem limite, sem normas, sem códigos. Com muita adrenalina, como dizem. Intensamente. Como a religião perdeu prestígio na modernidade, resta o império do prazer a qualquer preço. Mesmo ao preço da vida, cada vez mais barato na nossa sociedade.

Segundo dados do IBGE, o Brasil perdeu, entre os anos de 1990 e 2000, dois milhões de jovens, cujas vidas foram tragadas por mortes violentas, vale dizer homicídios. Trata-se de dano irreparável para a nação e de sofrimento indescritível para familiares que vêem seus filhos desaparecerem prematuramente e de forma tão trágica. Os motivos são sempre fúteis, posto que refletem o primado da violência que desconsidera qualquer valor ético e descarta qualquer atitude mais tolerante nas relações entre as pessoas.

E assim, parafraseando Ruy Barbosa, de tanto ver triunfar a violência, de tanto ver agigantar-se o poder nas mãos dos criminosos, o cidadão chega a desconfiar dos mansos, a rir da paz, a ter vergonha de ser equilibrado e sereno.

Os óbitos violentos de jovens ocupam espaço cada vez maior nos jornais e número crescente de sepulturas nos cemitérios das cidades. Por ser ocorrência comum no cotidiano da família brasileira, a violência que dizima as novas gerações não é combatida, nem prevenida. É, apenas, lamentada, quase aceita como fenômeno natural.

Na falta de uma política pública que dê sentido à vida da juventude e canalize a riqueza de sua energia vital para atividades em que possa dar expansão plena à beleza dos valores que jazem latentes na sua personalidade em formação, nossos jovens estão se matando sob o olhar complacente, portanto cúmplice, dos governantes, aos quais cabe intervir nos fatores que estão na gênese dessa catástrofe social. Medidas policiais espasmódicas ou estratégias protelatórias para a redução das desigualdades sociais são meros espetáculos de investimento que mudam alguma coisa para que tudo fique como está. Afinal, ampliar cemitérios ou construir presídios em escala geométrica não nos livrará da providência que, há séculos, as elites têm impedido – a distribuição da riqueza nacional.

O silêncio dos cidadãos, o alheamento dos privilegiados e a penúria dos marginalizados – a maioria – compõem o caldo de cultura em que crescem, à vontade, os germes virulentos da desagregação, que levam ao tumulto e à violência. Se não enfrentarmos esse desafio do presente, se continuarmos a aceitar a sepultura como alternativa única para a juventude, restará muito pouca gente para povoar o futuro do país.

Quanto Vale a Vida Humana?

A julgar pelo noticiário do dia-a-dia, a vida humana vale nada. Pelo saldo das baixas provocadas por bombardeios diários sobre o planeta, menos ainda. Pela mortalidade escondida nos indicadores de saúde, nada além das razões da tecnocracia. Nos homicídios, custa menos que as armas empregadas. Nas tragédias sociais, não vale senão o choro dos aflitos e o sofrimento dos sobreviventes. Na desnutrição, que espolia até à morte, na falta de imunização, que dá azo à desenvoltura dos micróbios letais, na miséria absoluta das pessoas, a vida é o que menos conta. Nas UTIs neonatais, parcas e porcas, mal equipadas, sem médicos, o valor da existência humana é bem menor do que a omissão rotineira do poder público.

Para as seguradoras, no entanto, a vida humana tem valor monetário. Em caso de morte acidental, essas empresas são obrigadas a pagar indenizações constantes das apólices contratadas pelos seus segurados. Por isso, criaram critérios para este cálculo tão insólito quanto necessário. Atêm-se unicamente à lógica econômica. Nada mais. Entendem que a vida de uma pessoa vale, em moeda corrente, o que ela produz enquanto vive ou o quanto ainda seria capaz de produzir a partir da idade em que morreu. Valores de outra natureza não são computáveis. Afetos, sentimentos e emoções não pesam em decisões econômicas.

A prevalecer esse conceito, cerne do pensamento macroeconômico que nos oprime, a vida dos idosos, por exemplo, corre sério risco. Não vale um vintém. É investimento sem retorno. Um prejuízo para os governos, que têm aplicações muito mais rentáveis a fazer. Sua morte torna-se receita indireta para o orçamento público. Daí o abandono, o descaso e os abusos cometidos contra os que chegam à senectude. As migalhas que recebem, a título de aposentadoria, expressam o valor que se dá a suas vidas. Não pagam sequer os medicamentos que os mantêm vivos. O que mais se espera é a sua morte, porquanto alivia as despesas do Estado e facilita os superávits que atestam o bom desempenho das equipes econômicas.

Contudo, se aplicado o mesmo critério ao cálculo das perdas econômicas decorrentes da mortalidade da população jovem brasileira, ver-se-á que o Estado deve muito mais à sociedade do que se imagina. De fato, a morte de um indivíduo jovem significa a perda de muitos anos potenciais de vida produtiva. Ora, a mortalidade no Brasil atinge predominantemente a população de crianças, adolescentes e adultos jovens. São vidas que custam muito caro. São milhões de anos potenciais de existência humana que desaparecem a cada exercício orçamentário. E as causas externas dessas mortes – acidentes e violência – são as mais freqüentes. Logo, o Estado tem aí uma enorme parcela de culpa. Se a sociedade cobrasse, em moeda corrente, o que os governos lhe devem por conta do valor monetário das vidas ceifadas pela sua absoluta omissão, estaria declarada a falência irrecuperável do Estado brasileiro. Não haveria empréstimo de FMI suficiente para cobrir tamanho déficit.

A vida é patrimônio da sociedade e não dos governos. Os governantes são escolhidos para cuidarem da vida das pessoas. Só para isso. É o compromisso primordial que assumem no momento da posse. É a única atividade-fim que lhes cabe perseguir. Tudo o mais é atividade-meio. Por isso, a dívida acumulada pelos governos não cessa de aumentar a cada dia. O caos só não se instala porque os cidadãos desconhecem o valor financeiro da vida humana, e não atentam para o fato de que o imposto que pagam deveria ser equivalente a uma apólice de seguro, contratada com o Estado, tendo por beneficiária a própria sociedade.

Os governos não querem se dar conta de que os óbitos dos jovens denunciam sua falência moral. Ao contrário, publicam recordes de arrecadação porque continuam taxando a produção dos vivos e ocultando as cifras correspondentes ao valor da vida dos que morrem por omissão do Estado. Falam em saldos da balança comercial, diferença entre o que vendem e o que compram. Nunca falam em saldos da balança de vidas humanas, ou seja, a diferença entre o muito dinheiro que se perde com a morte de jovens e o pouco que se ganha com a produção dos sobreviventes. É um indicador econômico que revela déficit permanente.

Não dá para enganar. Demonstra que, sem primazia dos investimentos sociais, as perdas monetárias estão ocorrendo pela mortalidade da nossa população jovem. Esta é a verdadeira dívida do país. Crescente, esquecida, impagável.

CAPÍTULO II

DO AUTORITARISMO À DEMOCRACIA

"Apesar de você, amanhã há de ser outro dia."

Chico Buarque de Hollanda

Democracia Política e Ditadura Econômica

Democracia e ditadura são conceitos aparentemente antagônicos. Apresentam-se como pólos inconciliáveis da mesma realidade existencial, a sociedade humana. Nada menos exato, porém, ante as evidências do mundo real. Democracia e ditadura nunca estiveram totalmente afastadas uma da outra. Divergem na teoria, mas se completam na prática. Simbolizam pensamentos diferentes, mas exibem os mesmos vícios. Afinal, o homem é matéria-prima de ambas.

A sociedade plenamente democrática é uma utopia. Situa-se na categoria das grandezas inatingíveis. É ilusória, porque toma a aparência da parte como substância do todo. Romântica, porque se apóia na solidez pressuposta das idéias imanentes à condição humana.

Dada a relatividade dos conceitos doutrinários, a democracia de uns pode ser a ditadura de outros. De fato, o modelo histórico referencial de sociedade democrática é a Grécia Antiga. Contudo, o viço da nação grega de então era produto da escravidão humana, fonte principal de suas riquezas. A democracia era política, mas a economia, ditatorial.

As experiências socialistas do século XX tentaram construir a democracia econômica. Padeciam, no entanto, de vício de origem que as desestabilizou – a ditadura política. A contradição tornou-se insustentável, por mais que se sublimasse a truculência praticada em nome de valores igualitários. O equilíbrio do modelo não resistiu. O alicerce do muro, erguido como fortaleza da ditadura política, apodreceu. Cedeu. E o muro caiu.

As potências do capitalismo atual sustentam o mesmo equilíbrio sem futuro. São sociedades em que a democracia política convive com a ditadura econômica. Como não objetivam a ascensão por igual do povo, adotam só a versão política da democracia, que nivela os cidadãos apenas no direito ao voto. Aceitam a desigualdade como atributo da sociedade humana, e sua estratificação em classes como determinismo histórico, em cujos limites não cabe a perspectiva de mobilidade social.

Nunca a palavra democracia foi tão insistentemente utilizada no mundo. Não a plena, mas a política. Nunca o valor democrático prestou-se tanto como disfarce para a ditadura econômica. O expansionismo neocolonialista das metrópoles atuais faz-se em nome da democracia e da liberdade, utilizadas sutilmente como palavras de ordem que garantem a submissão às normas ditatoriais da globalização econômica que lideram.

Os países da América Latina amargaram sucessivos pesadelos de ditadura plena. Nunca realizaram o sonho da democracia integral. Durante duas ou três décadas, regimes militares impuseram-lhes o modelo econômico dominante e sufocaram a liberdade política. A ditadura era autêntica, completa, sem disfarces. Pesada e cruel. A abertura política foi, na verdade, estratégia de modernização das salvaguardas do poder econômico. Permitiu a organização da democracia política. Manteve, contudo, a ditadura econômica. Migramos de uma autocracia monolítica para o antigo modelo grego. Não temos os escravos *"sensu stricto"*, mas os temos *"sensu lato"*. Ganhamos liberdade de expressão, mas não avançamos em igualdade de direitos. Classes e castas ainda concentram, soberanas, a riqueza das nações latino-americanas.

No Brasil, segundo o IBGE, 10% das famílias detêm 75% da riqueza nacional. E 33% da população vivem na miséria. É a pior distribuição de renda do planeta. Gabamo-nos da democracia que temos por desconhecermos a ditadura que não vemos. Por isso, reduzimos a discussão da violência urbana ao falso dilema da luta do bem contra o mal. Não percebemos que os deserdados aprenderam a resistir à opressão da ditadura econômica que o país nunca deixou de ser.

A ditadura política enfrenta a reação esclarecida dos que conhecem a liberdade e não admitem perdê-la. Não dura muito. A econômica, sim. É sutil. Violenta os pobres, para os quais a liberdade política é artigo supérfluo. Não enxergam a opressão com os olhos dos bem-nascidos. Sentem-na na carne, no desemprego, no desespero. Sobrevivem como podem.

Revoltam-se, sem plano nem estratégia de tomada do poder, quando não se acomodam na apatia fatalista dos alienados. Por não verem, na lógica da ditadura econômica, a causa de sua miséria humana, os atos de delinqüência que cometem são incoerentes. Provocam medo, disseminam insegurança, mas não ameaçam o autoritarismo econômico.

Se quisermos o povo livre e a sociedade sem violência, precisamos derrubar também a ditadura econômica. Zé da Silva, personagem de conhecida canção, dizia: "Se ser livre é passar fome, não basta ser livre não".

Democracia Inofensiva

O furacão de denúncias que arrancou o telhado das instituições políticas brasileiras e inundou o noticiário nacional com a lama da fraude foi avassalador. Destruiu reputações, derrubou imagens, naufragou mitos. Só não afetou os indicadores da economia, que se revelaram inabaláveis. O fato permite constatar que a democracia política já não tem qualquer importância diante da ditadura econômica que impera no mundo globalizado. Seu valor é pouco mais que decorativo. Atende aos anseios da intelectualidade, para a qual a liberdade de expressão é essencial à subsistência de suas castas ideológicas e apetites filosóficos. No entanto, para a maioria da população, escrava dos rigores do trabalho mais pesado ou sobrevivente da penúria extrema, as instituições democráticas são coisas de gente rica, quando não de personagens de tragicomédias debochadas, cujos roteiros misturam corrupção, impunidade, cinismo, imoralidade, privilégios, mordomias e nepotismo.

Os partidos políticos converteram-se em companhias de teatro dessa ópera-bufa. São criados apenas para intercâmbio de atores profissionais, trocados ou vendidos, sem qualquer pudor ético, para cumprir conveniências de grupos dominantes ou de projetos pessoais de poder. Nada representam para o povo. Têm importância social bem menor que a dos times de futebol. Não mobilizam ninguém.

Assim caminha, em graus diferentes, a democracia política dos nossos dias. As ondas de instabilidade que freqüentemente agitam seu funcionamento já não representam ameaça para o alcance dos objetivos e metas da ditadura econômica. São meros episódios do passatempo institucional que ocupa os intelectuais em tertúlias acadêmicas inesgotáveis, em correntes de fanatismos que não se entendem, em debates e conclaves tão intermináveis quanto inúteis. Discute-se pelo prazer da discussão, debate-se pela excitação do exercício intelectual. A democracia política deixou de ser um meio para promover os avanços sociais que garantem a evolução da sociedade humana. Tornou-se um fim em si mesma, por isso estéril, inócua, anódina e banal.

A democracia brasileira não foge à regra. Nada mais é que a melancólica expressão das liberdades consentidas pelo poder econômico, que estabelece limites, define regras, impõe prioridades e subordina instituições em nome do equilíbrio financeiro que gera superávits, que compõem saldos, que melhoram os indicadores, que aumentam reservas cambiais, que nada acrescentam à vida da população. Ao contrário, retiram muito.

Por atuar à margem da opinião pública e controlá-la de forma sutil, a elite econômica consolidou-se como ditadura em quase todo o planeta. Não tem sede própria, nem endereço conhecido. É transnacional, mutante, aética, tentacular, infiltrada, insinuante. Seus mentores não são figuras públicas. Não precisam de tropas de ocupação, nem de equipamentos bélicos, componentes obsoletos para a modalidade de dominação que exercitam. Acumulam fortunas no jogo das transações operadas virtualmente pela tecnologia da moderna informática, que converteu os bancos em verdadeiros *bunkers* da plutocracia internacional.

O povo não escolhe os dirigentes da área econômica. Não julga sua atuação. Não interfere nas suas escolhas. O Congresso Nacional não tem a prerrogativa de legislar sobre a política econômica do país, sobre os endividamentos que são feitos para abrir as veias por onde sangra a riqueza produzida pelos cidadãos. É mero simulacro de poder representativo. Os interesses populares estão ausentes das pautas de votação, esquecidos dos conchavos e negociações das lideranças. As decisões dos parlamentos são apenas atos homologatórios das exigências feitas pelos organismos financeiros internacionais, cujos executores locais são os governantes que se sucedem no papel de algozes da soberania nacional.

O autoritarismo econômico mundial não precisa mais prender, perseguir ou torturar os seus adversários. Já se estruturou de forma segura. É invisível para os passageiros da agonia diária e imune à degradação dos costumes que desmoralizam as instituições democráticas, ridicularizando-as. Tem vida própria. Depende cada vez menos dos governos locais, quase todos alinhados na submissão à mesma receita que estabiliza os indicadores econômicos em detrimento do progresso social. Seu poder não vem da democracia política, quase sempre acéfala, à deriva, fraca, agonizante. Vem das forças inaparentes que fizeram da economia um mundo à parte, povoado exclusivamente pelos donos do globo terrestre.

Desemprego e Geração de Riqueza

Na década de 1950, Alceu Amoroso Lima alertava: "Ou o homem humaniza as máquinas, ou as máquinas mecanizarão o homem". Como sempre ocorre na história, as verdades proféticas somente são reconhecidas depois de confirmadas pelos fatos.

De lá para cá, no auge da revolução industrial, a automação transformou a vida de boa parte da humanidade. Superou largamente a ficção ao surgir o computador. Mudaram-se os hábitos, as relações humanas, as perspectivas de futuro. Na atualidade, o cidadão compra, vende, "deleta", "linka", "atacha", navega, odeia e ama virtualmente. Cumprindo a profecia de Tristão de Athayde, esta máquina – ao mesmo tempo fantástica e diabólica – mecanizou radicalmente a vida humana. Tornou-se presente em todos os lugares, em todos os idiomas, em grande número de lares. Poucos são os espaços que ainda não invadiu. Graças a ela, a automação revolucionou a indústria e a produção de bens de consumo.

Mas, se o saldo do processo foi o ganho na relação custo-benefício das atividades industriais e de serviços, seu preço foi o desemprego em escala jamais conhecida na história dos povos. Todos os dias surgem, na face do planeta, multidões marcadas por esse pesado estigma. Substituídos definitivamente pelas máquinas, os trabalhadores passam a amargar a busca interminável de novo posto de trabalho, a rejeição de porta em porta, a humilhação das carências, o sofrimento dos familiares, a desilusão, a desesperança, a discriminação. Convertidos em personagens desnecessários, amontoam-se nas periferias das grandes cidades, onde exibem pobreza desoladora e são vistos como seres inúteis, expostos ao risco de novo holocausto que, na visão de Viviane Forrester, poderá vir a acontecer não mais por motivação étnica, mas por razões de natureza econômica.

Apesar de configurar-se como tragédia social, o desemprego da atualidade não causa dilemas éticos porque é banalizado como fenômeno estrutural, uma conseqüência do progresso da humanidade. Ademais, é tendência irreversível, como provam os indicadores dos países de economia capitalista. Neles, constata-se que a sofisticação do parque industrial não gera empregos. Ao contrário, dispensa grandes massas de operários. Por isso, não deixa de ser ingênua ou ilusória a insistência dos governantes em anunciar a criação de empregos por meio de incentivos à modernização da indústria.

Remunerar os responsáveis pela geração de riquezas – os trabalhadores – foi conquista que se converteu em imperativo ético no século passado. Pagar a mão-de-obra empregada na produção de bens e serviços virou questão de justiça. Mas, na indústria moderna, é o elevado índice de automação, portanto o desemprego, que garante a produção. Em outras palavras, o não-trabalho passou a ser pressuposto do progresso da humanidade porque, com a mudança na lógica industrial, a dispensa do trabalhador é condição essencial para aumento do lucro, geração de riqueza e acumulação de capital. Na sociedade de hoje, o desemprego é, indiretamente, a grande fonte da nova produção capitalista. Por isso, no mundo moderno, deve-se pagar o não-trabalho, entendido como pré-requisito para o êxito do processo de automação do qual depende a qualidade produtiva e, conseqüentemente, os ganhos crescentes do capital.

No instigante livro *O horror econômico*, Viviane Forrester analisa assim essa questão: "O não-trabalho dos não-assalariados representa, na verdade, uma mais-valia para as empresas; portanto uma contribuição para criações de riquezas, uma espécie de ganho para quem não emprega ou, sobretudo, para quem não emprega mais. Não seria justo que se revertesse aos não empregados uma parte do lucro gerado por sua ausência, uma parte dos benefícios conseguidos por não empregá-los?". Soluções como o salário-desemprego e os projetos de renda mínima, embora tímidos no seu alcance, já são indícios de que as sociedades começam a perceber a validade da remuneração dos desempregados.

O homem sempre construiu a utopia de um mundo em que o trabalho seria feito pelas máquinas, restando-lhe todo o tempo para desfrutar, em plenitude, a vida sobre o planeta. Parte do sonho já é realidade à medida que a automação avança e as máquinas substituem o labor humano. Mas, as condições para o desfrute do tempo resultante desta libertação mostram-se ainda muito distantes. Não acontecerão espontaneamente. Será preciso lutar muito para que o não-trabalho seja reconhecido como força geradora da riqueza e, desta maneira, remunerado à altura de sua importância. Aí sim uma humanidade não mais refém do trabalho terá condições financeiras, recursos materiais, saúde, educação e tempo disponível para entregar-se ao lazer criativo, o verdadeiro paraíso terrestre.

Retratos de Porão

O porão era o misterioso submundo das casas do passado. Destinava-se a esconder trastes, entulhar o inservível, desfazer-se de coisas incômodas. Lugar escuro e malcheiroso, raramente era freqüentado pelas pessoas. Já foi endereço preferido das assombrações e aposento lúgubre de todos os fantasmas. Afora ninhos de ratos fedorentos e teias de aranhas impressionantes, poucos sinais de vida eram percebidos na atmosfera pesada daquele ambiente.

O que se passava nos porões das casas era segredo das famílias. Sua divulgação poderia corroer imagens, mostrar perversidades individuais ou mazelas familiares e levar à reprovação pública. Só os serviçais da família – nem sempre totalmente confiáveis – executavam as tarefas e conheciam a natureza das maldades praticadas nesses subterrâneos. Por isso, as informações sempre vazavam. Afinal, inexiste sigilo absoluto.

Se os porões deixaram de existir nas casas de hoje, os da história não. E, apesar das tentativas de se ocultar o que neles se faz, as denúncias são inevitáveis. É questão de tempo. Cedo ou tarde, as histórias dos porões terminam revelando os porões da história. A verdade aflora, então, contundente, assustadora, incômoda, tal como a que começa a emergir dos porões da ditadura militar no Brasil.

Os mentores dos atos reprováveis que ainda estarrecem a sociedade seguem impunes. Acreditam-se protegidos pela doutrina do ódio em que se inspiraram. A tal ponto que a defendem com a mesma veemência dos tempos em que perseguiam, humilhavam, torturavam e matavam seus opositores.

Os fatos e fotos dos anos da ditadura militar, publicados pela mídia nos últimos tempos, têm o cheiro inconfundível do porão das duas décadas de repressão e censura que macularam a história contemporânea do Brasil. É deprimente para os jovens imaginar que as gerações que os precederam tenham sido capazes de atos tão sórdidos. Principalmente quando aprendem na escola que o brasileiro é cordial por natureza. Deprime também perceber o quanto a discussão sobre a essência do assunto está fora de foco. O quanto a responsabilização dos autores de tamanha violência vai sendo postergada. O quanto cada governo procura abafar, em vão, o ressurgimento das vozes inconformadas com o delírio totalitário que mudou os rumos do país e massacrou os que sonhavam com um futuro diferente para a nação.

As fotos de um homem e de uma mulher aviltados na intimidade de sua honra, humilhados na nudez constrangedora de seus corpos expostos à sanha perversa de algozes invisíveis – publicadas recentemente pelo jornal *Correio Braziliense* – chocaram a sociedade. Pouco importa que sejam retratos do jornalista morto nos dependências do DOI-CODI, do padre católico perseguido pelos aparelhos da repressão ou da religiosa afrontada no pudor de sua privacidade. O que importa é o que traduzem e comprovam, isto é, o uso da tortura como instrumento rotineiro de abuso contra a integridade física, mental e moral dos adversários; a suprema covardia de uma prática hedionda que atenta contra o princípio de que depende a construção da humanidade civilizada – o respeito à pessoa do outro.

De nada servem os laudos técnicos para demonstrar o óbvio e descrever, com nomenclatura oficial, o que o material fotográfico revela à exaustão: a falta de limites para os desatinos doentios do torturador. De nada serve a identificação dos traços fisionômicos dos torturados exibidos nas fotos. Nem faz sentido comprovar se possuíam mais ou menos pêlos no tórax, ou alegar que as fotos têm resolução precária. Nada disso reduzirá a gravidade do crime contra a pessoa humana, seja ela Vladimir, Terezinha ou Leopoldo; seja ela um judeu, uma brasileira ou um canadense. A pessoa humana é valor existencial único e universal. A agressão a uma só delas atinge igualmente a todas.

Por mais indigesta que possa ser a abertura dos arquivos da repressão, a sociedade precisa cumprir essa etapa para consolidar a democracia conquistada. Precisa tirar do anonimato os rostos e os nomes de todos os que humilharam e torturaram. Por certo, são poucos. A maioria das forças armadas não participou desses atos imperdoáveis. Suas gerações mais novas nada têm a ver com a perversidade dos que desonraram a instituição, agindo nas trevas dos porões da maldade. É esta minoria, já envelhecida, que deve ser revelada como autora de crimes contra o ser humano. Ainda que não chegue ao julgamento nos tribunais em virtude de artifícios da anistia. Será a prova de que a sociedade rejeita a barbárie dos porões de sua história.

Anistia Sim, Amnésia Não

O regime militar saiu de cena com a lei da anistia que trouxe de volta ao país todos os exilados políticos. Pela gravidade do que a ditadura significou, pouco se fala sobre esse período tão dramático da vida nacional. A sociedade permanece desinformada sobre torturas e torturadores que fizeram carreira nas masmorras da repressão. Famílias continuam desconhecendo o destino de seus filhos desaparecidos nos conflitos que envergonharam a nação. Mães envelhecem, amargando o sofrimento de perdas não resolvidas. Mulheres seguem viúvas do "quem sabe" ou do "talvez", na expressão de um ex-deputado.

Alguns militares consideram injusta a lei de anistia. No seu entender, beneficiou unilateralmente os que fizeram a guerra armada. Um deles chegou a revelar, em artigo recente no jornal *Correio Braziliense*, que o general Figueiredo discordava da anistia. Teria dito: "Os ânimos ainda estão exaltados, mas não estamos concedendo perdão, mas esquecimento, pois o perdão pressupõe arrependimento, o que não pedimos". Fica claro que queria apenas o esquecimento recíproco dos fatos ocorridos durante as duas décadas em que os generais se sucederam no comando do país. Queria a amnésia coletiva.

A anistia é o perdão total, incondicional, a largueza de espírito capaz de relevar violências sofridas, no intuito de celebrar a paz como requisito de uma convivência essencial à vida democrática. Implica, conseqüentemente, assumir a autoria dos crimes que são perdoados pelo ato de anistia. O perdão é, por isso mesmo, categoria volitiva. Pressupõe decisão de isentar, bilateralmente, de responsabilidade criminal, mentores e executores de exageros dos anos de autoritarismo. É produto de escolha pessoal, tornado coletivo e constitucional no processo de anistia, em nome do bem comum. Não é o simples esquecimento. Não é a amnésia coletiva, como desejam os nostálgicos da ditadura.

O esquecimento, diferentemente da anistia, não é ato volitivo. Ninguém esquece algum fato porque resolveu esquecê-lo. Trata-se de complexo processo mental que trabalha no território cerebral da memória, independentemente de comandos conscientes, para apagar o registro de fatos, datas, nomes e imagens. Não há esquecimento voluntário. A lembrança sempre aflora ao nível consciente, de forma imprevisível e incontrolável.

Perdoar não leva necessariamente ao esquecimento. Ainda bem, porque a amnésia é o pior estado de consciência para se escrever a história recente de um país. Mormente quando as liberdades democráticas tenham sido violentamente revogadas por sublevação do seu estamento armado.

A amnésia coletiva só interessa a quem pretende fazer esquecer a verdade inesquecível de que os militares depuseram, pelas armas, um governo constitucional e assumiram o poder para impor, com rara brutalidade, um regime que cassou líderes políticos, censurou meios de comunicação, perseguiu opositores, prendeu, torturou e matou na engrenagem do aparelho repressivo.

A amnésia coletiva só interessa a quem gostaria de jamais ter de responder por que Juscelino Kubitscheck foi cassado, por que foi exilado e, de volta ao Brasil, proibido de visitar Brasília; e por que os jornais da época publicavam, em primeira página, receitas de bolo ou poemas de Camões, ocupando os espaços de matérias previamente eliminadas por obtusos censores.

A amnésia coletiva só interessa a quem quer apagar da memória nacional o fato de que a resistência ao golpe militar surgiu como ação desarmada, duramente reprimida pelas mãos armadas dos ocupantes do poder, sem qualquer chance de diálogo ou de abertura democrática.

A amnésia coletiva só interessa a quem não quer mais ser indagado sobre os desaparecidos durante a ditadura, sobre a localização das ossadas insepultas de guerrilheiros abatidos no Araguaia. Sobre as sessões execráveis de tortura, crimes hediondos contra a humanidade.

A amnésia coletiva só interessa aos que praticaram atos condenáveis e continuam vivendo sem qualquer constrangimento, protegidos pelo anonimato que não merecem. Seus nomes e seus rostos precisam sair dos arquivos que não querem abrir. Mesmo que não sejam julgados pelos tribunais, a sociedade tem o direito de conhecê-los para não esquecer o que fizeram.

A amnésia coletiva é a situação histórica que tem permitido a repetição de experiências catastróficas na existência de um povo. É justamente o que não podemos aceitar, sob pena de vivermos em constante risco de retrocesso das conquistas democráticas que alcançamos. Anistia, com certeza. Amnésia, jamais.

DEMOCRACIA DE CONVENIÊNCIA

Vêm aí as eleições. Todo cuidado é pouco. A confusão de conceitos políticos é o prelúdio da decadência social. É imperceptível à maioria das pessoas, mas friamente planejada pelos donos do poder. Os governos valem-se da correria em que o cidadão se consome na luta diária para retirar-lhe direitos e impor-lhe deveres. Utilizam-se da propaganda oficial como estratégia de alienação. Desestimulam a leitura reflexiva. Penetram e dominam as consciências por meio dos efeitos especiais. Subordinam irreverências. Estancam inovações. Estigmatizam o pensamento crítico. A sociedade torna-se uniforme, sem graça, sem viço, vítima de uma espécie de "macdonaldização" de valores embalados no mesmo pacote, de igual sabor e tempero. É a face democrática do totalitarismo dos dias atuais.

Já se definiu a democracia como o governo do povo, pelo povo e para o povo. Assim se aprendia na escola. Era o conceito que circulava na sociedade. Os tempos mudaram. Os gregos que o criaram sumiram na poeira da história. Até a Grécia conheceu a ditadura militar. Só a duras penas, superou-a. O regime democrático do mundo moderno tornou-se mera retórica para a perpetuação do poder. Nada tem a ver com o povo, presente apenas na etimologia da palavra, porém distante do conceito de democracia.

Os governos imaginam-se entes à parte e agem como se o fossem. Fazem o que querem, mesmo sabendo que o único ente verdadeiro é a sociedade civil que os elege. Deveriam subordinar-se a quem os escolhe porque exercem função delegada. Não podem ter vida própria. São designados pelo povo para administrar, em seu favor, os bens e interesses coletivos, muito embora deles se apoderem como propriedade privada. Ignoram os direitos dos eleitores. São transitórios, mas revelam sempre a intenção de perpetuar-se.

No Brasil, ex-colônia, a deturpação conceitual da democracia é ainda maior. Os governantes guardam muito da atitude dos agentes da colonização que saqueavam o povo para enriquecer a metrópole. Dispõem do patrimônio público a seu bel-prazer. Doam-no a amigos, vendem-no sem ouvir o legítimo proprietário, cedem-no em troca de favores pessoais. A coisa pública é figura abstrata que não lhes passa pela cabeça. Não a respeitam.

A concepção clássica de democracia não se aplica, por isso mesmo, aos governos brasileiros. Sejam militares ou civis. Aos primeiros, pela natureza autoritária de sua formação. Aos segundos, pela identificação com a elite dominante ou pela cooptação que os coloca a serviço dela. O resultado é o mesmo. O regime que vivemos é tudo, menos democrático.

De fato, nossos governos não são do povo. Servem-se dele para se eleger. Usam de todos os recursos para iludi-lo e obter o voto para cumprir formalidade eleitoral. Nossos governos também não são pelo povo. Ao contrário, reprimem as manifestações discordantes. Só não censuram as que lhe sejam favoráveis. Os membros do parlamento, salvo exceções cada vez menos honrosas, pensam em tudo, menos na sociedade civil cujos interesses deveriam defender. Preferem defender os seus próprios. Os partidos políticos não são realidades, são legendas. Funcionam como agrupamentos de alta rotatividade, baixa coerência e nenhum senso ético. O judiciário, devagar quase parando, opera como casta defensora de privilégios corporativos e garantia dos direitos dos poderosos. Nossos governos tampouco são para o povo, entendido mais como estorvo do que como fonte de onde emana o poder. Suas ações enriquecem investidores, expandem fortunas, concentram renda. Suas diretrizes econômicas são definidas para agradar mercados e celebrar a euforia das bolsas de valores. Os programas concebidos para o povo são todos assistencialistas, clientelistas, geradores de dependência, jamais libertadores do homem, nunca voltados para a promoção da cidadania. Para os ricos, a bolsa de valores. Para os pobres, a bolsa-família, a bolsa-escola, a cesta básica, o desemprego e a desilusão.

Na falta de governos do povo, pelo povo e para o povo, não cabe falar em democracia no País. O regime democrático supõe condições dignas de vida para todos. Não para poucos. Não basta estar obrigado a votar para ser cidadão. É preciso comer mais que 2.000 calorias por dia, habitar em moradia espaçosa, salubre, segura. É preciso ter acesso a educação e saúde de qualidade, lazer, atividade cultural, trabalho digno, transporte coletivo decente, segurança. Nossa democracia é conceitualmente errada e politicamente incorreta. Exclui o povo. É um regime de conveniência. Há que mudá-la.

Sabedoria Chinesa

O estabelecimento de relações entre os povos possui ritmo próprio e velocidade histórica imutável. De nada serve acelerar a marcha dos acontecimentos. As transformações que se passam de forma precipitada são fadadas à efemeridade. Não duram. São desfeitas pelo curso natural dos fatos. A paciência é indispensável ao êxito da construção diplomática. Não a paciência como metamorfose da passividade. Mas, a capacidade de potencializar os mecanismos de mudança, sem perder de vista a cadência do processo histórico. Somos, a um só tempo, sujeitos e objetos da história.

Quando a moderna civilização ocidental redescobriu a China, surpreendeu-se com a existência de uma cultura que escapava à lógica cartesiana. Longe dos dogmas da cristandade, alheios às oscilações das bolsas de valores, inspirados em Confúcio e não em Rockfeller, viviam um bilhão de habitantes num território de 9.571.300 km². Eram os chineses de Mao Tsé-tung, dos médicos de pés descalços e da revolução cultural que, durante décadas, impressionaram pela simplicidade e eficácia com as quais se empenhavam em alfabetizar, educar e assistir o maior contingente populacional do planeta.

Mal sabemos quais fórmulas foram utilizadas para alcançar a condição de economia que mais cresce no globo terrestre. Quais deuses adoraram para conseguir um milagre assim tão duradouro, bem maior que o brasileiro. Quais santos cultuam, quais preces formulam, quais promessas cumprem para manter tanta gente comendo, morando, estudando, trabalhando e vivendo longamente.

A decisão do governo brasileiro de estreitar relações políticas, diplomáticas e comerciais com a China – ousada e promissora – levou mais de quarenta anos para se tornar viável. Louve-se a antevisão do ex-presidente Jânio Quadros que, no início dos anos de 1960, previu, nesta relação, o caminho da autonomia política e econômica do Brasil. Quando renunciou ao cargo, seu vice-presidente João Goulart teve dificuldade para assumir. Estava na China, em missão oficial, cuidando de entendimentos para diversificar parcerias internacionais que nos deixassem menos reféns do imperialismo norte-americano. Infelizmente, o momento não era favorável a um novo grito de independência. Talvez por isso, o então presidente da República tenha sido levado à renúncia, e o país, à ditadura militar. Nosso empresariado não estava amadurecido para a conveniência da importante mudança de rumo.

Foram necessárias quatro décadas de espera paciente para a retomada de uma opção com enorme potencial libertador para o Brasil. Chegou, finalmente, o momento de maturidade histórica para salutar a convergência de interesses dos dois países que, pela dimensão de seus territórios, volume de suas riquezas e importância de suas populações, podem compor uma liderança capaz de romper a hegemonia que ameaça o mérito da globalização e a própria sobrevivência do planeta.

A China é uma nação vitoriosa. São milênios de sobrevivência ininterrupta, resistindo a ocupações e absorvendo hordas de invasores que terminaram sempre por se render ao peso de uma cultura muito mais forte do que a deles. Isolada do mundo ocidental, soube encontrar, de forma autônoma, o caminho do progresso científico e do crescimento econômico. Sua soberania nunca foi desrespeitada. Chegou, assim, à atualidade, com uma população de 1,3 bilhão de habitantes. Quase dez vezes a nossa.

Pouco se conhece daquele país distante porque quase nada se divulga do mundo asiático no Brasil. No entanto, alguns números mostram a dimensão da economia chinesa e, sobretudo, dos avanços que tem conquistado. No período de apenas vinte anos, a China passou a ocupar o sexto lugar entre as economias do planeta. Seu PIB – três vezes maior que o brasileiro – é de 1,5 trilhão de dólares, com crescimento de 9% ao ano há mais de uma década. Em 2003, recebeu 60 bilhões de dólares de investimento externo. A rápida modernização que se opera no país faz dele o consumidor de 55% do cimento, 36% do aço e 8% do petróleo produzidos no mundo. Além disso, domina a tecnologia nuclear de ponta a ponta, ingressou na era espacial e conseguiu, ao mesmo tempo, reduzir para 15% a taxa de analfabetismo.

Nenhum país do planeta venceu, em tão pouco tempo, desafios de tais proporções. Pode-se divergir do regime político de partido único que vigora na China. Não se pode negar que os chineses estejam resolvendo seus problemas, livres da dependência externa que desestabiliza o Brasil. Jânio estava certo. Lula tem razão. Somos tão grandes quanto eles. A diferença está na sabedoria. Que podemos aprender.

O Sorriso dos Candidatos

O rosto é um predicado do cérebro. Exprime os estados da alma, as elaborações mentais, os humores do espírito. A mímica facial é a assinatura personalizada do mundo interior de cada pessoa. A dinâmica dos músculos da face esconde o segredo estrutural do semblante, imagem dos sentimentos, emoções, verdades e mentiras do psiquismo. Esboça esgares de ódio, expansões de afeto, instantes de contrição, resíduos de rancor. Ilumina-se na sudação do sacrifício, perfume-se na secreção do regozijo, cintila na leveza do prazer, empalidece sob o império da dor.

De todas as expressões do rosto humano, a menos confiável é o sorriso. Só as crianças sorriem verdadeiramente porque não sabem ainda mentir. Os adultos aprendem a sorrir por conveniência e o fazem com a mais absoluta desenvoltura. Não respeitam limites éticos nem ambientes solenes, muito menos as fronteiras do ridículo. Sorriem com facilidade, sem motivo aparente, sem compromisso, sem proporção com o estímulo que aparentemente os faz sorrir. Sorriem com amadorismo ou profissionalmente. Sorriem em velórios ou em locais lúgubres. Sorriem para câmeras digitais ou analógicas.

A anatomia do sorriso corresponde ao complexo conjunto de músculos que dão arcabouço ao rosto humano. A imagem sorridente resulta de contrações voluntárias ou involuntárias desse mecanismo muscular determinadas por impulsos cerebrais que o comandam. Por isso, há o sorriso de alegria espontânea, mas há também o sorriso enigmático como o de Mona Lisa, cândido como o dos anjos, suave como o das vestais, irônico como o dos provocadores, sarcástico como o dos críticos inclementes, ingênuo como o dos inocentes, cínico como o dos aproveitadores. Há o sorriso de mofa, o de desprezo, o de desdém, o de desconfiança. Ademais, sorriem discretamente os tímidos ou de forma escancarada os extrovertidos.

Nada se compara, contudo, ao sorriso de muitos profissionais da política. São atores de primeira grandeza. Sabem fingir, simular, dissimular. Sorriem por encomenda, por estratégia de marketing ou por hábito adquirido ao longo de toda uma carreira de mistificação. É sorriso sem medida, sem responsabilidade, sem engajamento, um gesto de efeito, uma cara de felicidade artificial, um olhar calculado para seduzir, uma extroversão programada para enganar.

As campanhas eleitorais aceitam toda a forma de manifestação falaciosa dos candidatos. São os períodos de maior falsidade de boa parte desses atores da democracia de aparência, montada para atrair as massas e sensibilizá-las mediante o jogo leviano de emoções fraudadas. O que interessa é ganhar o voto da maioria. Eleger-se a qualquer preço. Valer-se da mentira ornada de belas feições para arrebatar, pela força do contágio mental de que se reveste, a crença do incauto eleitor. Tudo o mais é irrelevante. Princípios morais, valores éticos, decência de costumes, coerência entre forma e conteúdo, discurso e prática, promessas e realizações, são detalhes desprovidos de qualquer importância, pieguices ultrapassadas, romantismo inútil. Não impressionam o eleitorado porque são incompatíveis com a lógica da impostura que domina a fábrica de ilusões suscitadas em série pela propaganda de grande número dos candidatos.

No Brasil, a disputa eleitoral converteu-se em concurso de sorrisos. Faltam postes e muros para afixar as fotografias de tantos e tão sorridentes rostos. Poucos sorriem com autenticidade. Quase não os há sérios, preocupados, respeitosos diante da gravidade da situação econômica e social do país, que lhes cumprirá transformar. Pela semelhança dos sorrisos que exibem, chega-se a pensar que se servem de um único marqueteiro e do mesmo fotógrafo. Nunca se vê, como no período de propaganda eleitoral, tanto dente exposto à admiração pública, tanto lábio colorido a emoldurar arcadas dentárias caprichosamente ostentadas. São bocas políticas feitas para dar personalidade aos cartazes que circulam colados aos carros de amigos e correligionários. A carreata surrealista das múltiplas anatomias dos sorrisos que se apresentam à escolha dos eleitores.

Tornou-se difícil para o cidadão decifrar o que se passa no cérebro de muitos dos candidatos. Afinal, optar entre sorrisos parecidos não é tarefa das mais simples. Não há critério seguro para se saber por que, por quem, de que, de quem e para que sorri em profusão grande número dos postulantes. Nem há motivo para tanta alegria na realidade brasileira. A menos que a qualidade dos dentes seja pré-requisito para exercício do mandato popular.

CAPÍTULO III

DA CAPITANIA HEREDITÁRIA À ECONOMIA SUPERAVITÁRIA

"DORMIA A PÁTRIA-MÃE TÃO DISTRAÍDA
SEM PERCEBER QUE ERA SUBTRAÍDA
EM TENEBROSAS TRANSAÇÕES."

Chico Buarque de Hollanda

Dois Países Chamados Brasil

Há um Brasil exuberante e outro miserável. Um abençoado por Deus, bonito por natureza e outro marcado pela pobreza. Há, enfim, dois países muito diferentes que se desafiam, se provocam e se agridem mutuamente todos os dias.

No primeiro deles, o ano de 2004 foi a consagração da equipe econômica. Poucas vezes assistiu-se a comemoração tão difusa nos meios de comunicação. Indicadores em alta, dólar em baixa, risco país em queda, superávit nunca dantes navegado. A explosão de alegria dos investidores que fazem juras de amor ao Brasil e prometem nunca mais nos deixar. A reação exultante dos empresários pátrios que se desmancham em previsões otimistas e orgulho nacional represado até então. O Natal, festa do comércio e da indústria, anuncia-se luminoso para financiar sonhos no varejo e supérfluos no atacado. Os empregos, embora temporários, multiplicam-se em escala geométrica. Para os que vêem as imagens da televisão neste final de ano, esse país já é o mapa do paraíso tropical. Pródigo em bens de consumo, à altura do padrão de vida do mundo desenvolvido. Seus habitantes eram ricos e não sabiam.

No segundo país, vive-se o outro lado da moeda. O outro lado do real. Nesse Brasil, terminaremos o ano com 27 milhões de crianças nascendo e sobrevivendo em famílias que ganham menos de meio salário-mínimo. Registraremos a morte de 35 crianças para cada mil com menos de cinco anos de idade. Assistiremos à tragédia de 44 milhões de brasileiros residindo nas paupérrimas periferias das cidades. É o país de população majoritária onde os indicadores econômicos não chegam, ou nada significam. Onde a vida é deficitária e a economia, de subsistência. Onde ninguém investe. Nem o Estado. Onde não circula dinheiro, não há produção, nem poder de compra. Seus moradores sobrevivem das sobras do primeiro país. Muitos desses brasileiros chafurdam nos achados dos lixos que revolvem diariamente, catando os restos de comida fria e contaminada de que se alimentam. Outros dormem nos locais em que seus corpos exaustos se estendem para o que der e vier. No chão duro das calçadas, ficam expostos, muitas vezes, ao sadismo dos famigerados matadores de mendigos. Nesse país, não há Natal, só há vontade de receber presentes como no outro. Nunca há sonhos, só há certeza do quanto é impossível qualquer chance de acesso aos bens de consumo que lhes possam trazer um pouco de conforto, alguma segurança, o alimento de qualidade, enfim. Viver nessa realidade não é a mesma coisa que na primeira. Nela, sobrevive-se por descuido ou teimosia. Nunca por esperança.

Embora tão diferentes, os dois países estão profundamente entrelaçados. Não há fronteiras geográficas a separá-los. Seus habitantes misturam-se no dia-a-dia, com razoável intimidade. Convivem lado a lado em todos os lugares do território nacional. Confundem-se nas ruas, aproximam-se nas residências, acotovelam-se nos logradouros públicos. Convivem, mas reprimem intolerância recíproca, que mal disfarçam em suas conversas e comportamentos. De um lado, os ricos, todo-poderosos, a temerem a violência física dos párias que se amontoam à sua volta e os atacam com freqüência crescente. De outro lado, os miseráveis indignados com a violência do luxo e da ostentação, que os agride em sua pobreza insolúvel.

A relação é potencialmente explosiva e desencadeia confrontos diários. Nem os condomínios fechados, as cercas eletrificadas, os seguranças de plantão, os *pit-bulls* raivosos podem evitá-los. São produtos de uma mistura indissolúvel de duas realidades antagônicas que não se desfaz com medidas assim tão simplistas. Representam resultados atuais da lógica colonial que começou nos dividindo em colonizadores e colonizados; a seguir em senhores e escravos; mais tarde em opressores e oprimidos; e, finalmente, em gente de bem e bandidos. Dois contingentes populacionais muito diversos, vivendo, porém, sempre juntos, quase sob o mesmo teto, numa interação mentirosa, feita de desprezo, preconceitos, ódio, medo e violências de todas as formas.

Como não é possível delimitar territórios distintos para os habitantes dos dois países, a única solução é torná-los iguais. Todos ricos, todos pobres ou todos de classe média. Só assim desaparecerá o antagonismo que se expressa em violências mútuas. Há 507 anos fingimos resolver o conflito social mantendo essa dualidade injustificável. O fracasso é total. Se o Brasil não se converter rapidamente num único país, brasileiros desiguais continuarão se matando com as armas ao seu alcance.

O Risco do Brasileiro

No festival de indicadores econômicos que movimentam diariamente os noticiários da televisão, fala-se muito do risco Brasil. Pouco se fala do risco do brasileiro. O primeiro interessa ao investidor internacional, ávido por lucro, nulo de ética. O segundo tem a ver com a vida de todos que nascemos e vivemos neste país. Um é calculado lá fora. O outro é vivido e amargado aqui dentro.

Nascer no Brasil tornou-se uma aventura arriscada, cada vez mais aparente nos indicadores da nossa realidade. A começar pela mortalidade infantil, passando pela esperança de vida ao nascer, pelas taxas de escolaridade e desemprego, os números são dramáticos. De fato, em cada mil cidadãos que nascem hoje no País, trinta vão morrer antes do primeiro aniversário. Dos 970 sobreviventes, 339 morarão mal, comerão pouco e serão pobres para sempre. Deles, 113 engrossarão as estatísticas do analfabetismo. Com quase toda a certeza, 55 viverão em condições de desnutrição crônica, incapacitados para uma vida saudável. Respeitadas as melhores estimativas, 97 serão portadores de algum grau de deficiência física ou mental. Nascidos em berços nada esplêndidos, 39 jamais freqüentarão a escola e apenas 116 chegarão aos cursos superiores. Na passagem pela adolescência e pela idade de adultos jovens, 2 deles serão assassinados. Apesar de incessante busca de trabalho na idade produtiva, 115 permanecerão desempregados, sem renda mínima para a sobrevivência. Se tiverem habilidade para driblar as circunstâncias adversas, viverão, em média, 68,9 anos, isto é, 10 anos a menos que os nascidos em países desenvolvidos.

Todos esses números estampam o risco do brasileiro, um indicador que infelizmente só entra nas cogitações de poucos economistas pátrios. Resultam de um modelo econômico que funciona para nutrir a riqueza das elites locais e gerar fortunas de grupos financeiros internacionais. Por isso, nascer no Brasil é predestinar-se a viver perigosamente.

Enquanto estivermos trabalhando na perspectiva única de reduzir o risco Brasil, não nos faltarão aplausos dos bancos estrangeiros e elogios pródigos do FMI. Mas, a vida do povo, suas necessidades, agruras e desencantos cotidianos – variáveis que não entram em cálculo de credores – estarão fermentando conflitos sociais que fazem a efervescência de vilas, morros, invasões, assentamentos, favelas e todas as demais periferias surgidas para acolher os deserdados da sociedade.

O risco Brasil é escrito em inglês. O risco do brasileiro é sofrido em português. A redução de um é incompatível com a do outro, porquanto sua relação é inversamente proporcional. Quanto mais se reduz o risco Brasil, mais se aumenta o risco do brasileiro. É ilusão pensar que seja possível conciliar interesses tão opostos. Esse malabarismo sempre foi tentado sem qualquer êxito, a não ser o de aplacar temporariamente a voracidade dos investidores em detrimento das prioridades nacionais.

Vai virando rotina modificar-se a Constituição para manter incólumes os acordos estabelecidos com o capital internacional. Os pactos que representam direitos dos brasileiros são rompidos sem qualquer cerimônia para proteger acordos com banqueiros e empresas multinacionais, sempre no intuito de reduzir o risco Brasil. A reforma da previdência nada mais é, nesse contexto, que a quebra unilateral de um contrato entre o Estado e os servidores públicos. Da mesma forma, o aumento abusivo das tarifas telefônicas é outro exemplo de privilégio concedido aos grupos econômicos amparados pelas cláusulas contratuais do processo de privatização. Mas, por que honrar contratos com empresas estrangeiras se o Estado não honra os contratos com os cidadãos?

O preço dessa submissão é aumentar o risco do brasileiro. Para reduzi-lo, não há outro caminho senão o de inverter prioridades. É trabalhar menos para o público externo e mais para o nosso povo. É deixar o risco Brasil para preocupação exclusiva dos especuladores que o criaram com a finalidade de domesticar a ousadia libertadora do País.

A Escravidão Moderna

A sociedade brasileira, como a maioria das demais, não se desenvolve por igual. Todas as etapas da evolução ético-comportamental dos seres humanos, das mais primitivas às mais avançadas, estão presentes entre nós. Manifestam-se, a cada dia, escandalizando-nos, às vezes, pelo ressurgimento de atitudes e atos moralmente reprováveis, que acreditávamos definitivamente banidos da nossa convivência. Outras vezes, ao contrário, expressam-se por meio de ações de elevado conteúdo humanista que nos fazem crer na solidariedade quase sublime do brasileiro. Ainda somos, infelizmente, um pouco de tudo isso. Como todos os outros povos.

Lamentavelmente, o processo civilizatório não tem a natureza de uma epidemia ética que pudesse contaminar rapidamente a quase totalidade da população. Muitos são os que ainda se revelam imunes a esse contágio benfazejo. Possuem anticorpos que lhes blindam a mente, tornando-a inacessível à transformação que nos conduz do animal, que de fato somos, ao *Homo sapiens* que pretendemos ser.

Exemplo nada edificante de deformação moral, primitivismo atávico e degenerescência ética da sociedade é a exploração do trabalho escravo, anomalia que invade, como hóspede clandestino, as entranhas do tecido social. Ainda que a legislação a condene e as instituições a denunciem, sua sobrevivência em pleno século XXI atesta o quão distantes estamos dos padrões ideais da utopia de um mundo fraterno e solidário. Essa prática infamante deveria ser, por isso mesmo, tipificada entre os crimes hediondos contra a humanidade.

A nostalgia do tráfego negreiro, aninhado na herança cultural de uma relação de classes sociais construída sobre as bases do colonialismo escravista, de tenebrosa memória, sobrevive ao tempo e às transformações históricas para ressurgir, com a virulência original, nas formas mais brutais de exploração do trabalho. Persiste, sobretudo, em bolsões ruralistas retrógrados dos Estados do Pará, Maranhão, Piauí, Bahia, Mato-Grosso, Tocantins e, em menor escala, em outras regiões do interior do País. Intensifica-se nos períodos de maior desemprego, quando a reserva de mão-de-obra desocupada facilita a atuação dos que exploram o desespero e constroem riqueza sobre a miséria da condição humana. Concentra-se nas atividades da agricultura do atraso, no inferno das carvoarias, na pecuária dos coronéis boiadeiros ou nos canaviais da violência que exaure os bóias-frias. Em todas elas, o mesmo desrespeito para com a situação de fragilidade do outro, a mesma brutalidade sem limite a serviço da submissão dos reféns da pobreza, prisioneiros da penúria, detentos da fome e das carências de toda sorte.

Quinhentos anos não foram suficientes para a erradicação dessa selvageria, nascida do ventre do colonizador português. Ao contrário, fortalecida pela truculência dos bandeirantes, chegou aos nossos dias, praticamente incólume, como processo de exploração primitiva do trabalho.

Os organismos internacionais e o Ministério do Trabalho mantêm o assunto em pauta. Aumentam a fiscalização e denunciam os que praticam essa forma vil de patronato. A imprensa faz seu papel fundamental. Exerce vigilância contínua e mostra à opinião pública as cenas vergonhosas de abuso contra o trabalhador desprotegido. A sociedade se estarrece diante dos fatos que chegam ao seu conhecimento. A legislação pertinente é avançada. Não há quem não abomine os donos de escravos da modernidade, mesmo sabendo que, em muitos casos, têm nomes conhecidos, exercem função pública notória e vendem a imagem de nobres senhores de moral ilibada.

Nada disso é suficiente para conter a ousadia dos que afrontam os códigos legais e se enriquecem explorando a mão-de-obra violentada pela escravidão. Nada disso é bastante para desencorajar o instinto gerador da barbárie, que desconhece limites éticos ou preceitos morais na relação com o outro. Nada disso foi capaz de inibir a sanha sanguinária dos assassinos de aluguel que mataram, fria e covardemente, os três dedicados fiscais do Ministério de Trabalho que cumpriam seu dever na zona rural de Unaí, no Estado de Minas Gerais, bem próximo da capital da República. Bem ao lado de Brasília, patrimônio da Unesco. Um exemplo abominável do que é a cultura do poder do latifúndio, protegido brutalmente pela ignorância do jagunço, a soldo do proprietário, geralmente um grileiro, reproduzindo, a despeito de toda a reprovação do público, uma tragédia encenada por personagens inimagináveis no século XXI. A mesma que, levada em outro cenário, no interior do Pará, tirou a vida da Irmã Dorothy, com requintes de sadismo e crueldade imperdoáveis.

Numa sociedade em que ter é mais importante do que ser, vale tudo para o acúmulo de bens materiais. Do roubo ao assassinato, do trabalho escravo à prostituição infantil. O que conta é ser dono de tudo e de todos. O que conta são os indicadores econômicos, que acenam com lucro e aumento do capital, ainda que fundado na exploração do trabalho e na escravidão reciclada para as características dos tempos atuais.

Abolicionismo em Cotas

A metamorfose evolutiva da sociedade brasileira é incontestável na essência, embora lenta nos avanços esperados. A fase embrionária das idéias transformadoras prolonga-se muito além do tempo histórico que leva para alcançar a maturação em outros países. Foi assim com a abolição da escravatura, e não é diferente com a abertura das universidades para cidadãos brasileiros de etnias africanas e indígenas, duas conquistas tardias no calendário dos aperfeiçoamentos sociais que se impõem ao País.

As universidades públicas devem buscar talentos na juventude, independentemente de condição social, credo religioso ou origem étnica. Na prática, fazem exatamente o contrário. Reproduzem, em sua composição, os privilégios e discriminações que, desde o Brasil-Colônia, alimentam o poder, a hegemonia e a riqueza das elites brasileiras. A própria forma de ingresso nessas instituições já reforça sutilmente os mecanismos de exclusão dos oprimidos, pobres e marginais da cidadania, contribuindo para fortalecer um regime de castas que se sucedem na dinâmica das nossas dinastias intelectuais. Salvo exceções, que de tão minoritárias não invalidam a regra, funcionam como chocadeiras da burguesia, para usar a expressão de Leonardo Boff.

Diversas formas de discriminação produzem os cidadãos de segunda classe no Brasil. Nenhuma se compara, porém, à segregação que tem atingido os afrodescendentes desde o momento em que os primeiros navios negreiros aportaram na costa do País trazendo a mão-de-obra escrava que viabilizaria a colonização portuguesa no Novo Mundo. A partir de então, a cor da pele selou a distribuição do trabalho entre duas categorias de indivíduos, reservando as atividades intelectuais para os brancos e o trabalho braçal para os negros. Vem daí a desvalorização, entre nós, de todo o fazer manual, entendido como tarefa para escravos. Vem daí a apropriação, pelas elites brancas, de todos os recursos que conduzem aos estudos universitários e à diplomação de nível superior, passaporte para o exercício do poder e a garantia dos privilégios de casta.

A mais recente Pesquisa Nacional por Amostra Domiciliar divulgada pelo IBGE mostra que 88% dos brasileiros na faixa do 1% mais rico da população são brancos, enquanto 70% dos cidadãos que formam os 10% mais pobres do nosso povo são negros ou pardos. Além disso, a renda mensal média de negros e pardos é de 2,2 salários-mínimos, bem inferior à de 4,5 salários-mínimos dos brancos. No grupo etário de 18 a 19 anos, 21,5% dos brancos estão fazendo curso superior e 8% preparando-se para o vestibular, enquanto 4,4% de negros e pardos fazem curso superior e 3,2% preparam-se para o exame de ingresso na universidade. Ademais, entre brasileiros de 20 a 24 anos, 44% de negros e pardos ainda freqüentam o ensino médio e 34,2%, o ensino fundamental.

Na Universidade de Brasília, por exemplo, apenas 2% dos alunos têm ascendência africana, fato que evidencia as raízes da discriminação que não se pode dissimular. Como em todas as instituições universitárias públicas do País, a grande maioria das vagas da UnB beneficia as classes sociais em situação privilegiada gerando um círculo vicioso que urge romper: os negros são pobres porque não têm acesso à universidade, e não têm acesso à universidade justamente porque são pobres.

Se o diploma universitário é requisito para a mobilidade social desejável, torna-se imperiosa a reparação dessa injustiça secular que se comete contra negros e índios no Brasil. Para tanto, as universidades públicas devem reformular os critérios de distribuição de vagas, estabelecendo cotas para as vítimas do *apartheid* às custas do qual se construiu o patrimônio do País.

Como esclarece o brilhante advogado Eduardo Couture, "o procedimento lógico de corrigir as desigualdades é o de criar outras desigualdades". Trata-se, em suma, de fazer a chamada discriminação positiva que consiste em proteger os grupos discriminados por meio de mecanismos de tratamento diferenciado na ordem jurídica que atuem em seu favor. Os norte-americanos assim o fizeram ao conceituarem as ações afirmativas que fundamentaram a reserva de vagas para negros tanto em universidades quanto no mercado de trabalho. Na defesa dessa tese, a proficiência do ilustre jurista Seabra Fagundes é peremptória: "ao elaborar a lei, o legislador deve reger, com iguais disposições – os mesmos ônus e as mesmas vantagens – as situações idênticas e, reciprocamente, distinguir, na repartição de encargos e de benefícios, as situações que sejam entre si distintas, de sorte a quinhoá-las ou gravá-las em proporção à suas diversidades."

O povo brasileiro exibe riqueza étnica admirável. Aqui convivem todas as raças da Terra e todos os deuses do céu. O milagre dessa harmonia inatingível em outros lugares operou-se plenamente em nosso país. Resta eliminar de vez as desigualdades que deterioram nossa estrutura social. Ou começamos a fazer já as mudanças necessárias – entre as quais, a reserva de cotas para negros e índios no vestibular –, ou responderemos por omissão dolosa no tribunal da história. A Universidade de Brasília saiu na frente. Destinou 20% das vagas a essa nobre finalidade. Reafirma, assim, a posição de vanguarda como instituição pública fiel ao ideário libertador que inspirou sua criação num país em busca do tempo perdido.

ESCRAVOS, COLONOS E POBRES

O recente estudo feito pelo PNUD sobre a situação dos negros no Brasil não traz qualquer novidade. Apenas retoca a fotografia de uma realidade cruel que procuramos insistentemente ocultar nos porões da nossa história. Uma verdade que não pode aparecer na sua inteireza sob pena de desmentir o postulado que se disseminou pelo País afora, segundo o qual não há preconceito contra os negros no Brasil – as diferenças constatadas entre brancos e afrodescendentes seriam de natureza unicamente econômica.

Tão grave quanto discriminar é não assumir que se discrimina. É criar barreiras contra a igualdade racial e atribuí-las a meras e definitivas contingências socioeconômicas. É limitar a mobilidade social do negro por razões étnicas e justificar o *apartheid* pelo mecanismo da pobreza. É proteger o privilégio da elite branca com a promessa de correção, em médio prazo, da crescente concentração de riquezas e do acesso a benefícios que as distanciam das periferias negras e pardas dos centros urbanos.

O negro brasileiro tem motivo de sobra para desenvolver o mesmo sentimento que os africanos da atualidade expressam a respeito dos países ocidentais, aliás, muito bem resumido por Anne Cécile Robert em seu livro *L'Afrique au secours de l'Occident*: "Já fomos seus escravos, depois fomos seus colonos. Agora somos seus pobres".

De fato, entre os 10% de brasileiros mais pobres, 70% são negros, conforme revelam as diversas pesquisas realizadas. A situação de inferioridade em que se encontram quanto aos demais indicadores apurados é conseqüência previsível. Não surpreende, por exemplo, que apenas 32,1% das crianças negras freqüentem a escola enquanto 67,9% das brancas o façam. Nem impressiona o fato de que só 3,1% da população de escravos-descendentes tenham diploma universitário. Tampouco é novidade a revelação de que sua expectativa de vida ao nascer seja cinco anos menor que a dos brancos, ou que sua mortalidade infantil supere em 66% a das outras crianças. Não foge ao esperado a verificação de que a probabilidade de morrer vítima de assassinato é 2,5 vezes maior entre jovens negros do sexo masculino do que entre brancos de igual gênero e mesma faixa etária.

A forma como se deu o fim da escravidão no País não poderia conduzir a outra realidade. A lei Áurea foi muito mais benéfica aos senhores de escravos do que aos libertos. Não criou qualquer compromisso, nem reconheceu dívida alguma para com os infelizes africanos arrancados brutalmente de seus pagos, atirados à violência dos porões dos navios negreiros e vendidos como mercadorias aos poderosos de então. O nobre ato da princesa Isabel, além de tardio, foi ineficaz. Deixou-os entregues à própria sorte, desamparados, sem teto, sem rumo, condenados às periferias indignas nas quais fizeram seu mundo, comendo o pão que o diabo lhes reservara no país tropical, cuja história econômica nasceu da energia de suas mãos calejadas, ou do suor de seus rostos agoniados, e cuja injustiça infamante fazia sangrar o seu dorso lanhado pelo flagelo dos capatazes.

A abolição da escravatura foi um arremedo de libertação dos escravos. Não lhes abriu caminhos de existência em condições humanas num país que iniciava o processo de evolução econômica para a sociedade industrial. Não lhes assegurou direitos fundamentais. Não lhes reconheceu atributos de cidadãos. Não lhes permitiu acesso à educação, à saúde, à moradia, ao lazer. Ao contrário, lançou-os irremediavelmente na situação de párias, rejeitados e discriminados em todos os ambientes da sociedade brasileira. Condenou-os a subempregos nos quais passaram a ser tão ou mais explorados que durante os duros tempos de senzala. Sobreviveram na penúria, multiplicaram-se na indigência, espalharam-se na saga dos andrajosos. Amargaram preconceitos. Não se deixaram extinguir. Tornaram-se muitos. Mais pobres que todos, não menos brasileiros que ninguém. Ignorar a dívida histórica que lhes cabe cobrar é reincidir na insensibilidade dos senhores de escravos, de triste memória. É tentar apagar o abuso indelével, a incômoda mancha criminosa que marca a origem do País.

As ações afirmativas iniciadas no atual governo são meritórias. Reconhecem a gravidade da assimetria social entre brancos e negros e buscam corrigi-la no presente. A garantia de cotas para afrodescendentes nas universidades e nos serviços públicos pode não ser a medida ideal para reparar, em curto prazo, séculos de injustiça preconceituosa. Mas, não há melhor. Começa a fazer o que a abolição não fez.

Chega de Futuro!

Quando a realidade se anuncia desoladora, a alternativa da humanidade tem sido refugiar-se na utopia, território do otimismo projetado para o futuro.

Nessa situação, cada um constrói uma ilha imaginária de segurança, onde sonha viver em prosperidade, distante das mazelas do mundo real. Algumas religiões prometem o paraíso numa outra vida, reconhecendo que, nesta, o inferno é soberano. Outras vêem na perspectiva de sucessivas reencarnações uma espécie de escadaria que conduz à felicidade suprema. Os economistas não deixam por menos. Colocam os cidadãos na infindável espera do dia radioso em que poderão, finalmente, receber uma fatia da riqueza nacional resultante da divisão de um bolo que se acumula em poucas mãos, há muitos séculos.

Assim, igrejas e economistas trabalham com a mesma abstração – o futuro –, mediante a qual neutralizam a capacidade de reação das pessoas. Sim, porque o futuro não existe. É mera elaboração intelectual para fugir do presente, este sim, real, inegável, injusto, desigual, opressor.

Talvez por isso o brasileiro continue cantando, com todo fervor, o país do amanhã: "E o teu futuro espelha essa grandeza, terra adorada!". Só que, ao fazê-lo, desloca, inconscientemente, para algum lugar do futuro, a possibilidade de viver numa terra em que a miséria, a fome, a exploração, as doenças endêmicas e a violência do cotidiano não sejam mais a realidade de sua existência, mas simples pesadelos de seus sonhos. Chega até a afirmar, com orgulho incontido, que "o Brasil é o país do futuro". Nunca do presente. Nunca para os vivos. Só para os nascituros do porvir.

Certamente por isso o brasileiro aceite como verdadeira a analogia entre as atividades dos governantes e as da construção civil, na imagem criada pelos marqueteiros do governo para amainar a ansiedade dos eleitores que começam a cobrar as mudanças prometidas. "Primeiro – diz a propaganda –, é preciso arrumar a casa para, só depois, começar a reformá-la". Ou seja, habitar essa nova moradia é possibilidade que vai ficando também para o futuro. E, como o futuro não tem data para acontecer, o cidadão mantém-se na espera. Chega até a vencer o medo com a esperança, tornada lenitivo para sedar a dor de tantas frustrações e digestivo para acalmar a dispepsia, companheira fiel de quem engole humilhações incessantes, tratadas com remédios de validade prescrita.

Chega de futuro. O Brasil tem de ser bom no presente, para todos. Aqui e agora. Sacrifícios já não cabem mais na agenda do cidadão que não conhece outra forma de viver. Cada geração tem de promover o bem-estar dos vivos. Não o dos mortos. Nem o dos que vão nascer num futuro incerto. Em seu *Tratado do desespero e da beatitude*, André Comte-Sponville afirma que a esperança é o pior estado de espírito, porque aliena e acomoda. Nesse sentido, a expressão "brasileiro, profissão esperança", não é referência elogiosa, mas definição pejorativa. Aliás, Chico Buarque também reafirma esse preceito num de seus famosos versos: "Quem espera nunca alcança".

A reversão de expectativa para o brasileiro não está nas reformas exigidas pelo FMI, mas num choque de desenvolvimento do País. Para hoje, não para amanhã. É preciso pôr em prática um plano de metas e ações cuja execução garanta trabalho e salário para o segmento produtivo da população, criando mercado interno para fomentar o crescimento da economia nacional. Tal como a construção de Brasília, que absorveu mão-de-obra de todas as regiões do País e assegurou emprego e dignidade aos trabalhadores.

É hora de desencadear uma ofensiva semelhante, de envergadura nacional, para melhorar a condição de vida do povo. Ninguém nasce com o projeto de viver mal, nutrir-se apenas de esperança ou sacrificar a vida para promover o bem-estar dos seus pósteros. Se Cristo o fez, é porque tinha a missão de cumprir as escrituras. Não é o nosso caso.

BRASIL: UM PAÍS DE TODOS?

O Brasil só será um país de todos quando for o mesmo país para cada um dos brasileiros. Não o será por decreto, nem por campanha de marketing com belos efeitos especiais, por mais criativa e genial que possa parecer. Não se transforma a realidade por prestidigitação, muito menos por passe de mágica ilusionista.

As restrições de vida, as desigualdades sociais, os preconceitos e as injustiças não desaparecem porque se diz que desapareceram. Não se atenuam como resultado de imagens coloridas, feitas para disfarçar o retrato em branco e preto dos submundos em que residem seres humanos esquecidos de todos e entregues à própria sorte ou, para ser mais correto, ao próprio azar. Na verdade, o Brasil é um paraíso de poucos e uma terra madrasta de muitos.

O país dos curumins xavantes, consumidos pela desnutrição e mortos sob a cumplicidade, no mínimo culposa, do Estado, não é o mesmo em que vivem os coordenadores dos órgãos encarregados da integridade dos povos indígenas.

O Brasil das crianças e dos adolescentes que vendem seus corpos e maculam suas almas em busca de alguns trocados para o sustento de si próprias e de suas famílias, não é o mesmo em que nascem, crescem e moram os robustos herdeiros das elites anestesiadas.

O Brasil dos favelados, que se equilibram nos barracos erguidos nos píncaros dos morros e nas encostas condenados pela Defesa Civil, não pode ser o mesmo dos investidores das bolsas de valores, que se aborrecem no tédio de mansões e palácios onde se estressam diante das oscilações do câmbio e do nervosismo do mercado.

O Brasil dos catadores de lixo, que chafurdam nas sobras e nos desperdícios da burguesia e têm esperança de ver sua atividade humilhante reconhecida como profissão, não é seguramente o mesmo dos que ostentam, nas salas, suas pompas e galas e fazem do luxo o seu único projeto de vida.

O Brasil dos trabalhadores escravos, excluídos dos direitos fundamentais, condenados às tarefas mais ignominiosas, sujas e insalubres, não é o mesmo em que desfilam, desenvoltos, obesos e sorridentes, os membros das equipes econômicas de todos os governos, alardeando superávits e recordes que nem cheiram nem fedem para as necessidades simples, porém vitais, da enorme maioria do povo.

O país dos camponeses desdentados, pés descalços, caquéticos, de mãos calejadas, hospedeiros de todas as verminoses e sobreviventes de todas as carências, não é o mesmo dos educados habitantes de condomínios de alta classe, que se deslocam em carros blindados, protegidos por seguranças, cercas eletrificadas e *pit-bulls*.

O Brasil dos idosos abandonados, de esperanças já esvaídas, de dignidade perdida, de fragilidade violentada nos imundos asilos em que são depositados, não é o mesmo em que vicejam os brilhos artificiais da terceira idade, mantidos pela cirurgia plástica estética ou animados pelo entusiasmo farmacológico dos Viagra®s e similares.

O Brasil dos jovens presidiários, hóspedes das Febem's, amontoados nas jaulas superlotadas das cadeias públicas, todos pobres, quase todos negros, não é o mesmo dos delinqüentes de elite, que reincidem diariamente nos mesmos delitos, sem qualquer punição.

O país de maioria afrodescendente discriminada pela cor e segregada pela pobreza – verso e reverso do *apartheid* – não é o mesmo em que a minoria dos ricos, pretensos brancos de uma população intensamente miscigenada, esbanja privilégios à exaustão.

O Brasil dos enfermos de todas as moléstias, que madrugam, adormecem ou morrem nas filas de atendimento das degradadas unidades de saúde do SUS, não é o mesmo dos que são assistidos pelos planos de saúde ou pelas clínicas particulares sofisticadas daqui ou do exterior.

O Brasil dos migrantes desesperançados, que viajam longas distâncias para vencer a interminável buraqueira das rodovias em busca de alguma migalha de vida nesse latifúndio de riquezas concentradas, não é o mesmo dos executivos de empresas privadas e altos escalões do governo, que vivem nas salas VIP dos aeroportos ou no ar, nas pontes aéreas, sempre a bordo de modernas aeronaves.

Dizer que o Brasil é um país de todos violenta a ética, desrespeita a moral, humilha os deserdados. Equivale a fazer crer ao povo, com o recurso da mentira habilidosa, que já não há desigualdades, só belezas. Que já não há injustiças, só maravilhas. Que já não há pobreza, só abundância. Que já não há discriminação, só alteridade. É forjar a ilusão coletiva, fundamento da propaganda enganosa criada pelos profissionais que constroem a imagem de todos os governos.

Informação ou Propaganda de Governo?

No festival da corrupção que assola o país, a utilização de recursos públicos para propaganda de governo passa despercebida. Embora presente nas entranhas apodrecidas das atividades político-partidárias, mantém-se fora dos debates, distante do foco, esquecida das pautas.

De tão corriqueira e onipresente, a propaganda dos governos integra, com naturalidade, o cenário das induções subliminares que bombardeiam nosso dia-a-dia. Dos intervalos comerciais da TV às mensagens radiofônicas e jornalísticas, passando pelo desfile de *outdoors* e filmetes diversos, nenhum espaço publicitário escapa à sanha dos governos. São imagens bonitas, efeitos especiais, *jingles* criativos. Mostram hospitais públicos limpos, bem equipados, sem filas; escolas perfeitas, alunos sadios, sorrindo com todos os dentes; o Programa Saúde da Família batendo recordes de atendimento; idosos ativos, cheios de vivacidade, curtindo amenidades da aposentadoria merecida; a economia superavitária impressionando organismos financeiros internacionais; um paraíso, enfim, que enche de orgulho o brasileiro, por sentir-se compatriota de Deus que também é brasileiro. Quase tudo, porém, ilusão construída com a moderna tecnologia da comunicação, montada pelas famosas agências de publicidade, pagas com dinheiro público para enganar o público.

Alguns publicitários são hoje os personagens mais importantes da república. Circulam com desenvoltura pelos corredores e gabinetes palacianos, quando não pelas sessões das CPIs. São porta-vozes do poder, porque sabem fabricar verdades como metamorfoses da mentira. O ilusionismo que vendem não conhece limites éticos nem respeita a inteligência das pessoas. Não têm compromisso com a informação, mas com o marketing. Não acreditam no valor do fato, vivem das versões que constroem. Não se

Da Capitania Hereditária à Economia Superavitária

submetem aos interesses da sociedade, são senhores da situação. Não pensam no bem comum, só defendem o seu. Os contratos que firmam com os órgãos públicos são mais vantajosos que qualquer loteria.

Fazer propaganda das realizações de governo com dinheiro público é ato eticamente condenável. O povo deve julgar o desempenho dos governantes, mas livre de manipulações que visam turvar sua consciência crítica. Não se nega a importância de informar a população sobre o destino dado aos recursos orçamentários, que é indispensável. Mas, não se deve confundir informação com propaganda. A primeira esclarece, educa, convence. A segunda mente, distorce, engana.

Várias agências de publicidade têm-se prestado a toda sorte de produção promocional dos governos. Como vendem a alma para fazê-lo, cobram caro. Mas, executam um serviço nem sempre fácil, nem sempre limpo, que requer muita competência e pouco escrúpulo. Seguram a popularidade dos governos em alta. Garantem reeleições. Profissionalizam campanhas e fomentam a circulação clandestina de recursos financeiros.

No ano anterior, o governo trabalhou com dotação orçamentária de 1,05 bilhão de reais para essa atividade. Muito dinheiro para uma iniciativa que deveria ser exclusivamente de informação. O resultado foi excelente, porque manteve elevado o alcance mistificador da propaganda. Deu-nos a impressão de vivermos em país rico, paraíso de todos, bem diferente do Brasil real. Até nos darmos conta de que parte do erário público era canalizada para a compra de votos de parlamentares por meio dos serviços polivalentes de uma agência de publicidade, encarregada inclusive do transporte de numerário.

A ética da propaganda que orienta os nossos governos foi muito bem definida pelo ex-ministro Rubens Ricupero. Sem o perceber, disse ao Brasil que o governo divulga o que é bom e esconde o que é ruim. Estranhamente, foi exonerado do cargo, apesar de haver revelado a pura verdade.

O caminho para o aprimoramento da democracia brasileira não pode ser o da mentira. Tem de ser o da verdade. Nos países mais desenvolvidos, não se vê propaganda de governo. As realizações dos gestores da coisa pública são inerentes à responsabilidade que lhes cabe. Em outras palavras, representam o cumprimento de suas obrigações. Nada mais.

Uma medida saneadora da promiscuidade reinante entre o Estado e os publicitários seria subordinar a área de comunicação dos governos ao controle social, exercido por um "Conselho Comunitário de Informação". Este órgão aprovaria somente aplicações de recursos que se destinassem a informar a população. Toda propaganda seria vetada. Faria a prevenção de escândalos como os que estamos a amargar.

CONTROLADORES DE VIDAS

A tragédia com o avião da Gol foi pungente, dilacerante, devastadora. Deixou o País perplexo diante de sua realidade. Mostrou a fragilidade das estruturas de suporte à vida nas quais as pessoas confiam passivamente. Chocou cidadãos que acreditavam na segurança mínima da aviação civil. Estarreceu com as imagens do que restou de corpos e almas destroçados no ermo da floresta densa. Toneladas de sofrimento atroz lançadas impiedosamente sobre as famílias das vítimas. Um saldo macabro para viagem iniciada em condições mecânicas e instrumentais aparentemente impecáveis.

De repente, a sociedade descobre, incrédula, que não são as torres de comando dos aeroportos que controlam os vôos, mas seres humanos que nelas trabalham no mais absoluto anonimato, sem direito a repouso, extenuados: os controladores de vôos. E quanto mais a verdade vem à tona, mais se difunde o espanto diante das condições desumanas de trabalho em que operam esses profissionais e dos salários aviltantes, praticamente simbólicos, que recebem por uma atividade de que dependem milhares de vidas diariamente. A fronteira do escândalo desaparece quando se conclui que, durante os anos anteriores ao desastre, já atuavam acima dos limites humanos e das normas internacionais que regulam função de tamanha responsabilidade. Tudo no sigilo calculado que tangencia a operação ilegal, posto que a população não teve qualquer possibilidade de informar-se do risco de tragédia que rondava suas viagens aéreas.

Afora a dor que não tem preço nem se pode reparar, cabe amarga conclusão: quem cuida de vidas humanas no País não tem qualquer valor. Não merece o devido respeito. Não é destinatário da consideração que a nobreza de seu esforço faria supor. Simplesmente porque a sociedade brasileira não reconhece valor na vida do outro. Só na sua própria. Não por outra razão, banaliza e ignora o mérito de quem trabalha para promover, proteger, recuperar e preservar a vida.

Tão dura constatação pode até surpreender, mas não escapa à análise isenta dos fatos, por menos crítica que possa ser. Sua veracidade é fácil de se comprovar. Basta atentar para a falta de princípios éticos e para a escassez de critérios de justiça que presidem a lógica da remuneração das atividades laborais na pátria amada e idolatrada. De fato, a maioria dos profissionais de saúde que cuidam diretamente da vida das pessoas suporta enorme estresse, convive com o desespero dos enfermos e mitiga os efeitos das moléstias que lhes roem as entranhas. Somente o faz por inegável abnegação, não pelos salários insignificantes e indignificantes que recebe. Da mesma forma, os policiais, aos quais se atribui a segurança dos cidadãos, o controle da violência crescente que assola o espaço urbano e o combate à insanidade marginal que assalta e mata, expõem a própria vida em troca de remuneração vil e desrespeitosa. Os professores que iniciam as crianças nos caminhos da vida, preparam cidadãos para a sociedade e exibem dedicação radiosa no mister a que se aplicam, fazem-no por admirável amor ao ofício, jamais pela bolsa-miséria que se lhes paga. Os condutores de ônibus e de outros coletivos que transportam milhões de indivíduos todos os dias, deslocando-se por perigosos caminhos para propiciar mobilidade à população de trabalhadores do País, batalham jornadas exaustivas e arriscadas para receberem salários indecorosos. Os operários da construção civil que suam para edificar as moradias dos brasileiros, realizar o sonho da casa própria da classe média e da elite, vivem de migalhas acintosas que mal se prestam a cobrir suas necessidades mínimas e as de suas famílias, quando não despencam dos andaimes para morrerem na contramão atrapalhando o tráfego, como lembrou Chico Buarque em seu inspirado poema "Construção". Os lixeiros, cuja atividade é indispensável à limpeza da cidade, ao bem-estar dos habitantes, à proteção da saúde coletiva contra doenças graves oriundas da imundície que lhes cabe recolher diariamente, passam despercebidos aos olhares dos moradores. Envolvem-se com detritos infectos, arriscam as vidas numa profissão que a sociedade desqualifica, retiram o mau cheiro produzido pelos moradores. O salário a que fazem juz vale menos que o lixo do seu cotidiano.

Só os que não cuidam da vida humana são promovidos e valorizados pela sociedade brasileira. São os controladores do dinheiro, públicos ou privados. Podem tudo e quase nada fazem pelo bem comum. Os controladores de vidas – no ar ou na terra – fazem quase tudo e nada valem.

Serra Leoa É Aqui

A sorte do Brasil é Serra Leoa, um pequeno país africano que consegue ter distribuição de renda pior que a nossa. Já somos o penúltimo na classificação mundial. Se não abrirmos os olhos, chegaremos rapidamente ao último lugar. Só depende de nós mesmos, dos governos que elegemos, do elitismo das políticas públicas que aprovamos, dos privilégios que avalizamos, da tolerância com a corrupção, das injustiças que acumpliciamos, dos preconceitos que assimilamos, do egoísmo que nos embrutece, da discriminação étnica que nos divide e da nostalgia escravista que ainda inspira os descendentes da estirpe colonial, sempre donos do poder de fato.

Quanto mais se sucedem os governos e as esperanças populares que representam, menos mudanças verdadeiras ocorrem no País. A concentração da riqueza nas mãos da minoria rica é o único indicador econômico que tem crescimento contínuo. Apesar de políticas que pretendem zerar a fome, a sede, o frio e a miséria, as vítimas desses sofrimentos nunca provaram o sabor da promoção humana que os elevaria à condição de cidadãos em pleno gozo de direitos fundamentais.

Os números do Ipea, referentes ao ano de 2003, são estarrecedores. Revelam a distância imensa que separa os filhos desta nação, onde poucos vivem deitados em berço esplêndido enquanto a maioria é segregada pela desigualdade no acesso aos bens que deveriam ser comuns. Depois de 507 anos do descobrimento do país, 1% dos brasileiros – 1.700.000 habitantes – possui renda que equivale à dos 50% mais pobres, que totalizam 89.600.000 de pessoas. Essa brutal assimetria mostra que a renda dos mais ricos chega a ser cem vezes maior que a dos mais pobres. Um sinal de grotesco atraso, se comparada à realidade dos países da Escandinávia, nos quais a renda dos mais ricos nunca é superior a seis vezes a dos mais pobres.

Da Capitania Hereditária à Economia Superavitária

Quanto maior a desigualdade econômica, tanto maior a violência na sociedade. Trata-se da conclusão dos estudos do comportamento humano em situações adversas. Por isso, o Brasil é um dos lugares mais perigosos para se viver na atualidade. Buscar outra explicação para a desintegração social, o cotidiano ameaçador, as balas perdidas e os corpos achados diariamente no tumulto de quase todos os centros urbanos do país, não passa de mal velada tentativa de ocultar a verdade que incomoda, a injustiça que agride, a cumplicidade que não se dissimula. Entre os anos de 1980 e 2000, quase dois milhões de jovens foram mortos no País. Todos vítimas de morte violenta. A maioria pobre. Nem as guerras que eclodiram no mesmo período, no mundo inteiro, mataram tanto. Somos, sem nenhum orgulho, campeões nesse tipo de violência, embora nos acreditemos todos pacíficos, cordiais e tolerantes.

Os massacres de Carandiru, de Eldorado de Carajás, da Candelária, da Baixada Fluminense, entre tantos outros, desmentem nossas decantadas virtudes humanas. De fato, o pacifismo de que nos gabamos é sinônimo de passividade, está na raiz da incapacidade de nos indignarmos diante das injustiças da sociedade em que vivemos; a conduta cordial é, na maioria das vezes, indício de superficialidade, e esconde, no fundo, a falta do rigor ético que qualifica as relações humanas; e a tolerância indiscriminada é irmã gêmea da permissividade, que endossa, por omissão, todos os abusos decorrentes da absurda concentração de renda, que violam direitos e alimentam o caos social.

Quase todos os governos, inclusive o atual, insistiram em promover alguma forma de milagre econômico. Teimaram em acreditar que seja possível melhorar os indicadores sociais sem distribuir a riqueza nacional. Quanto mais repetem o erro, mais a renda se concentra e mais grave se torna o quadro social. O sociólogo francês Jean Baudrillard demonstra, em sua obra clássica *La société de consommation*, que os mecanismos de redistribuição criados pelos governos de países como o nosso só contribuem para preservar privilégios e piorar ainda mais a distribuição de renda. É o caso de programas como Fome Zero e Universidade para Todos. Duas iniciativas que, com o objetivo de eliminar desigualdades, concentram grandes somas de recursos públicos nas mãos de grupos privados, fornecedores dos bens e serviços em que se baseiam tais estratégias.

Na economia de mercado e na sociedade de consumo, a desigualdade só será resolvida com um Estado forte, comandado por governos capazes de enfrentar os interesses econômicos que conspiram contra os direitos coletivos. De tanto protelarmos essa decisão, Serra Leoa já é aqui.

As Independências do Brasil

Quase todos os países comemoram sua data nacional com desfiles militares e demonstração de força. No Brasil, não é diferente. Todo ano a festa repete-se em 7 de setembro. O civismo exaltado faz jorrar orgulho da pátria amada e por que não idolatrada. Os hinos sublimam o desfile militar, desentranham emoções, estribilham a glória da morte em defesa da liberdade. A cavalaria encanta pelo adestramento dos animais. As motocicletas assombram pelo ruído pomposo. A pirâmide humana montada sobre uma delas desafia a lei da gravidade sob aplausos delirantes da turba. Os tanques de guerra avançam ao ritmo de combates que nunca fizeram. Os jipes verde-oliva trazem evocações de cenas bélicas que felizmente só conhecemos pelo cinema. No céu, a esquadrilha da fumaça arroja vôos extravagantes. Os supersônicos Mirage ensurdecem o público com a vibração que assusta e faz tremer boquiabertos espectadores. O clímax do barulho estimula a taquicardia cívica de crianças, homens e mulheres jovens ou idosos atraídos pela empolgação do espetáculo. No palanque presidencial, as autoridades encenam sorrisos de primeira grandeza.

Apesar da qualidade cênica do ritual, os efeitos especiais não condizem com a independência do Brasil. A maior parte dos equipamentos militares é importada. Os Mirages são franceses. As motocicletas são Harley-Davidson. Os cães são labradores. Só o povo e os figurantes são brasileiros. A mensagem que se difunde entre os milhares de cidadãos reunidos na Esplanada dos Ministérios é ilusória, anacrônica e contrária à formação pacifista da brava gente brasileira.

A independência do País não pode ser garantida pelos armamentos bélicos exibidos nas paradas militares. Estão muito aquém da tecnologia alcançada pelas grandes potências. Nossa capacidade de matar em larga escala é muito inferior à dos criminosos que governam o mundo. Nunca será superior. Não seremos independentes por esse caminho. Despertar o êxtase das pessoas por meio de recursos que inspiram o patriotismo guerreiro é o avesso da pedagogia da paz, única perspectiva de convivência humana no planeta. Iniciar crianças no culto de um espetáculo que mistura o belo ao bélico é perverter a semente que pode ser libertadora.

O Brasil precisa inovar nessa data. Sua independência não nasceu às margens plácidas do Ipiranga como se pretende. Não é produto generoso da sentença de alforria declarada pelo herdeiro do trono português. Não se esgotou na intensidade do legendário grito que se tenta ecoar até hoje como divisor de águas da história nacional. A verdadeira independência é um processo. Não está concluído. Tem avanços e recuos que se alternam no tempo. É trabalho de gerações, resistência de muitos, sacrifício de alguns, embora dever de todos.

Por isso, a festa que cabe organizar em 7 de setembro é de outra natureza. Exclui as armas com as quais se tenta afirmar uma força que o País não possui, a sanha belicista que não combina com o perfil de seu povo. É dia para se comemorar os muitos feitos de paz que nos tornam menos dependentes da guerra, as muitas grandezas que elevam a originalidade da cultura tropical desenvolvida na convergência de valores humanos que se preservam. A começar pela maturidade da língua-pátria com a qual nos comunicamos em todos os quadrantes do território, a despeito do poder invasivo do idioma falado pelo colonizador da atualidade. É momento para cantar em prosa e dançar em versos a música popular brasileira, exemplo da alegre independência criativa que se expressa em ritmos, letras e melodias incomparáveis. É hora de dar vazão à religiosidade polimorfa da nossa gente, vivida na independência ritual ou na pródiga singularidade de seus fervores. É dia de celebrar a tolerância da alma nacional aberta a todas as etnias, independentemente das concepções segregacionistas e das ideologias que semeiam o ódio. É ocasião para enaltecer o espírito de independência de uma geração que rompeu com o atraso para construir a nova capital e interiorizar o progresso. É a oportunidade cívica para louvar as vozes da independência que enfrentaram forças reacionárias para garantir a auto-suficiência na produção de petróleo.

Em 7 de setembro, não deveria haver desfile militar. Não leva a nada. Cria apenas o sentimento do orgulho nacional apoiado na insustentável aparência de um poder de destruição que não temos, nem devemos ter. Em lugar de impressionar o povo com a mística da guerra, é preferível fazer a sagração anual da primavera como símbolo florescente das independências conquistadas.

SAÚDE E LIVRE MERCADO

Estar livre de doença não assegura ao indivíduo o bem-estar físico, mental e social que define sua saúde. Pode ajudar, mas não garante. A vida saudável depende muito mais de cuidados qualificados do que de tratamentos. Saúde não é artigo que se distribua, mercadoria que se compre ou ação que se venda. É direito do cidadão e dever do Estado. Não há empresa que forneça direitos, nem agências que terceirizem deveres.

A fruição plena do direito à saúde é incompatível com a sociedade de livre mercado. O modelo de relações humanas que nela prospera exclui garantias sociais desvinculadas de intereses econômicos. Só admite benefícios passíveis de rentabilidade imediata na dinâmica do lucro e da vantagem pecuniária. Os princípios éticos passam longe dessa visão de mundo.

Os fundamentos doutrinários do SUS contrariam as regras do modelo econômico em vigor. Por isso, não saem do papel nem dos arroubos retóricos dos militantes do sanitarismo tropical. O Estado minimalista da economia globalizada não tem lugar para edificações sanitárias desse porte. O investimento em saúde pública será sempre limitado, priorizando políticas fundadas em procedimentos simplificados, de baixo custo e quase nenhuma capacidade resolutiva. O financiamento do SUS manter-se-á irrisório, cada vez mais insuficiente para a qualidade de um sistema público que se pretende exemplar. Sua rede de serviços naufraga, sem salva-vidas, no oceano da penúria de recursos humanos e materiais.

Tanto quanto o privado, o setor público nega direitos aos cidadãos. Não lhes propicia, em grau de igualdade, os instrumentos científicos e tecnológicos apropriados à promoção da saúde nem investe nas medidas preventivas eficazes. A proteção do crescimento e do desenvolvimento de crianças e adolescentes não tem a prioridade que sua dimensão social justifica. Pouca importância se lhe dá no planejamento das ações de governo. O Programa de Saúde da Família, estratégia concebida para ampliar o acesso de populações periféricas aos cuidados de saúde, expandiu-se rapidamente, tornou-se irreversível, mas carece de qualidade. Ignora o direito de crianças e adolescentes. Desconhece as complexas peculiaridades do ciclo de vida humana marcado por profundas transformações bio-psico-afetivas e emocionais de cujo transcurso normal decorre a saúde do adulto. Banaliza as singularidades fisiológicas e comportamentais desse grupo etário a ponto de confiar os cuidados de sua saúde a profissionais sem a formação diferenciada a que tem direito.

O pretexto é a integralidade da assistência, mas a meta inconfessável é a economia de recursos financeiros. Quanto mais barato, melhor. O que conta é a redução de gastos. Saúde não é negócio que atrai investimentos externos. Nem aplicações nas bolsas de valores. As políticas públicas do setor têm de ser restritivas sob pena de diminuírem o superavit primário e aumentarem o risco Brasil. Não surpreende que, num país onde a metade da população é constituída de crianças e adolescentes, a principal estratégia de atenção à saúde exclua a Pediatria. O resultado não poderia ser pior, posto que associa a baixa capacidade resolutiva da assistência primária à sobrecarga das unidades de pronto atendimento. É a miopia dos planejadores, a insensibilidade dos dirigentes, o desrespeito às camadas pobres da população. É a falta ética de gestores que negam aos filhos dos outros a qualidade do atendimento que reservam aos seus.

No setor privado, a lógica do livre mercado é ainda mais ostensiva. Os procedimentos complexos que enriquecem a indústria da doença têm remuneração privilegiada pelos planos e seguros de saúde. As consultas clássicas, minuciosas, demoradas, atentas, os momentos de diagnóstico clínico e orientação terapêutica já não têm qualquer valor. Sua remuneração é simbólica, aviltante, incompatível com a sobrevivência do profissional. Por isso, os verdadeiros clínicos, tanto de adultos quanto de crianças, tornam-se raros. As especialidades reinam soberanas. Os pediatras começam a sair de cena. Seu trabalho educativo e preventivo não interessa aos agentes financeiros que operam a assistência médica no País. Criança e adolescente não engordam o PIB.

Entregar os destinos da saúde à selvageria do livre mercado é curvar-se à sanha insaciável das empresas que exploram a doença e ao engodo de políticas públicas reducionistas impostas por organismos financeiros internacionais que só conhecem a cor do dinheiro. O Estado pode ser minimalista em tudo, menos na saúde e na educação.

CAPÍTULO IV

DO DIREITO DE NASCER AO DIREITO DE SER

"Quando, então, eu nasci, minha mãe
envolveu-me num manto e vestiu-me assim
como se eu fosse uma espécie de santo."

Chico Buarque de Hollanda

Infâncias Clandestinas

A construção de uma sociedade justa e democrática pressupõe a contribuição de todos os setores em que se sustenta sua estrutura jurídico administrativa para assegurar direitos e igualdades fundamentais. Especialmente a sociedade brasileira, vítima de ciclos prolongados de obscurantismo e arbítrio, não pode prescindir da convergência de suas instituições na busca obstinada do bem comum e no lançamento dos alicerces inabaláveis para a edificação de uma cidadania resistente às tentações totalitárias recidivantes no curso de nossa história.

É inaceitável, no contorno do cenário que vislumbramos para nosso país, a existência de cemitérios clandestinos, onde repousam os restos mortais dos sem-nome, sem-direito, sem-registro, sem-documentos, sem-ontem, nem amanhã. Dos sem-cidadania. Dos que não existem legalmente. Dos brasileiros clandestinos pela própria natureza. Trata-se de uma chaga que nos envergonha e que cumpre erradicar para sempre de nossa sociedade, se a queremos digna de nossos sonhos de justiça e eqüidade.

Os cemitérios clandestinos existem para sepultar os indivíduos não registrados ao nascimento, excluídos oficialmente de nossa população. Seus óbitos são tão ignorados quanto sua própria vida. Seu enterro é desconhecido porque não chegam a pertencer à categoria social de cidadãos. Não tiveram direito à vida, da qual desaparecem sem ser notados. Uma sombra de gente. Um indigente.

Quantos são os sem-registro de nascimento no Brasil? Estima-se que sejam cerca de um milhão a cada ano. Um milhão que chegam ao mundo sem ter acesso ao direito elementar da cidadania que é o de possuir um nome e o correspondente registro oficial. Privados desse direito mais elementar e fundamental, que é pré-requisito para todos os demais, vivem na mais absoluta marginalidade quanto aos benefícios da vida em sociedade. Um milhão de espectros do submundo da miséria que a elite brasileira insiste em ignorar.

São crianças que morrem distantes das nossas estatísticas de saúde e, conseqüentemente, dos planejamentos destinados a promover a saúde das crianças, nessa ironia macabra a que nos acomodamos há tanto tempo.

Não há dúvida: o subregistro de nascimento e óbito é a marca mais vergonhosa da injustiça que macula nosso cotidiano. A miséria da família chega a ser tamanha que o custo do registro tem impacto contundente sobre seu humilde orçamento. Por isso, não é prioridade, é luxo. Registro passa a ser supérfluo para quem sobrevive nos limites da dignidade humana. Seu preço varia de oito reais em alguns Estados a quarenta reais em outros. Valores proibitivos para as famílias que amargam o desemprego, ou têm no aviltamento do trabalho escravo a fonte de manutenção de seus filhos. Entende-se porque o subregistro de nascimentos chega a índices absurdos de 80%, como o que se verifica no Estado do Maranhão.

A Sociedade Brasileira de Pediatria, entidade comprometida com as políticas de saúde da infância de nosso país, não poderia permanecer passiva diante desse quadro de tão profunda injustiça cometida contra as crianças de nosso país, mormente em se tratando da lesão de um direito tão claramente inscrito no texto constitucional que norteia nossa convivência social. Sua diretoria entende que tanto o registro de nascimento quanto o de óbito devem ser gratuitamente assegurados pelos cartórios competentes. São direitos elementares e condições preliminares de cidadania que não podem ser vendidos como se mercadorias fossem. A lei que estabelece a sua gratuidade não compele os cartórios a cumpri-la, porquanto não prescreve sanções para a desobediência ao que preceitua. Por isso, os cartórios continuam cobrando os registros ao arrepio da lei.

A diretoria da Sociedade Brasileira de Pediatria, cumprindo com sua responsabilidade social relevante, buscou o caminho do Poder Legislativo para tentar corrigir essa grave lacuna que mantém os cartórios na impunidade. Formulou um projeto de lei que modifica a lei n. 6.534, acrescentando-lhe os artigos que lhe faltavam para que tivesse a força necessária como instrumento realizador da justiça pretendida. Por iniciativa do deputado Federal Agnelo Queiroz, da bancada do Distrito Federal, o projeto de lei da SBP foi aprovado pelo Congresso Nacional. Estabelece que o cartório que cobrar pelos registros de nascimento ou óbito pagará multa correspondente a 10 vezes o valor cobrado pelo procedimento, e perda da concessão em caso de reincidência.

Trata-se de uma providência destinada a assegurar um direito fundamental declarado na Constituição brasileira, e a erradicar, de uma vez por todas, a vergonhosa realidade geradora dos cemitérios clandestinos que escondem, no fundo das covas anônimas, os corpos esquálidos dos irmãos que, por comodismo ou ganância, renegamos.

Os cidadãos desse país não podem se calar ante tão revoltante desrespeito à lei. Cada um de nós tem sua parcela de responsabilidade na correção de rumos inadiável à nossa sociedade. O resultado da iniciativa da SBP depende do apoio de homens e mulheres de bem, felizmente a maioria, que não admitem conviver com a injustiça. Vamos garantir o registro de nascimento a todas crianças nascidas em nosso país como primeiro passo para eliminarmos a diferença que segrega e marginaliza enorme contingente de nossa população infantil. Afinal, como dizia o poeta Gibran Kalil, "toda a criança que nasce é uma prova de que o Criador ainda acredita na humanidade".

INFANTICÍDIO À BRASILEIRA

As sociedades realmente desenvolvidas são aquelas que investem muito na proteção da vida de crianças e adolescentes. Os motivos são óbvios e a prioridade incontestável. Não se pode falar em evolução de um país nem no futuro da humanidade se não se concentram esforços na garantia da sobrevivência dos recém-nascidos e na promoção plena de seu crescimento e desenvolvimento ao longo dos primeiros anos de existência.

Trata-se de período da vida humana durante o qual os potenciais genéticos individuais começam a se expressar em função de condições ambientais capazes de suprir os requerimentos nutricionais, afetivos, educativos, psicológicos e sociais, indispensáveis ao êxito do novo ser no contexto que em se deu seu nascimento. É também o período da existência em que todos esses fatores interagem estreitamente na elaboração dos projetos anatômicos, fisiológicos, bioquímicos e emocionais em que se fundamenta a edificação do novo indivíduo, progressivamente socializado em pessoa. Em outras palavras, a infância é decisiva, e o que nela se passa é irremediavelmente definitivo.

Quanto menos doenças atingirem a criança, tanto mais estará o seu organismo livre dos riscos de cicatrizes diversas que, se presentes, são indeléveis. Quanto menos violência conhecer, mais equilíbrio terá para assimilar virtudes comportamentais que fundamentam a estruturação da personalidade ética, único caminho para o respeito ao coletivo e o acatamento dos limites pessoais que projetam a alteridade como opção para a sobrevivência da espécie.

O lugar da criança e do adolescente na sociedade pós-industrial encontra-se claramente delimitado. A prioridade deixou de ser apenas a sobrevivência do recém-nascido e evoluiu para promoção da qualidade do seu crescimento e do seu desenvolvimento saudáveis. Os meios disponíveis

Do Direito de Nascer ao Direito de Ser **103**

para o planejamento familiar permitem, cada vez mais, trabalhar com conceitos de qualidade e não de quantidade dessa faixa etária. O primeiro passo foi o controle da mortalidade infantil e sua drástica redução por meio da erradicação da maioria das doenças que provocavam o óbito no primeiro ano de vida. O segundo foi o entendimento de que não se alcança cidadania plena sem que a infância e adolescência tenham sido bem-sucedidas.

Os países desenvolvidos convivem, na atualidade, com índices de mortalidade infantil da ordem de 5 a 8 por mil nascidos vivos. Cuba e Costa Rica são exemplos de países pouco desenvolvidos economicamente, mas conhecidos pelo êxito de suas políticas de saúde que levaram a índices de mortalidade infantil semelhantes aos dos países ricos. Não computam mais, nos registros de óbitos, mortes de crianças por doenças evitáveis. Nem as aceitam. São indícios de fracasso das políticas públicas.

No Brasil, em cada mil crianças nascidas vivas, trinta delas, em média, ainda morrem antes de completarem um ano de idade. Entre os países da América Latina, estamos aquém da Argentina, do Uruguai, do Paraguai, da Venezuela e do Chile, entre os outros. É certo que, como tendência secular, o índice de mortalidade infantil vem declinando paulatinamente ao longo das décadas em nosso país. Mas, não é menos certo que a velocidade de redução tem sido muito lenta. Se mantida, levaremos mais vinte anos para termos a mortalidade infantil de um dígito. Há, contudo, algumas exceções dentro do próprio País. O município de Florianópolis logrou reduzir para 8:1.000 o índice de mortalidade infantil. Mostrou que esta meta é alcançável em curto espaço de tempo. Sem estardalhaço, sem fogos de artifício. Simples questão de definir prioridades e mobilizar os recursos humanos e materiais indispensáveis à produção dos resultados pretendidos.

Se países pobres e alguns municípios brasileiros conseguem índice de mortalidade infantil igual ao dos países ricos, não há qualquer razão eticamente justificável para que essa conquista não seja realidade em todas as regiões do Brasil. Decorre desse argumento, a conclusão de que, sendo de 8:1.000 a mortalidade infantil aceitável para nosso país, estamos com uma diferença de 22 mortes injustificáveis para cada mil nascidos vivos. Como o número de nascimentos é de 3.200.000 ao ano, conclui-se que morrem, no mesmo período, por desídia das autoridades responsáveis, cerca de 70.400 crianças. São óbitos absolutamente evitáveis. Verdadeiros homicídios culposos cometidos pela nossa sociedade na medida em que os aceita, com indiferença, e pelos governos, posto que pouco fazem para impedir que ocorram. São, portanto, mortes consentidas. A forma de infanticídio sutil e insidioso que concordamos que seja praticado impunemente em nosso país.

O que reservamos para as crianças que sobrevivem ao primeiro ano de vida não é nada animador. Em São Paulo, segundo estatísticas da Fundação Seade, no período de 2000 a 2002, morreram 225 crianças com idade entre 5 e 14 anos, vítimas de agressão homicida. De acordo com a Anistia Internacional, em igual período, na guerra entre israelenses e palestinos, em meio a bombardeios e atentados numa região fortemente conflagrada, morreram 322 crianças da mesma idade.

Em conclusão, muito sangue infantil ainda vai correr antes que a sociedade brasileira declare, não apenas com palavras de ordem, mas com gestos eficazes, a destinação prioritária de recursos para a promoção da saúde e proteção da vida das nossas crianças. Até lá, o infanticídio à moda brasileira prosseguirá como prática natural aos olhos de cidadãos cada vez mais indiferentes diante de uma forma de violência que não conseguem identificar.

Os Pigmeus do Boulevard

O futuro da nação brasileira desenha-se claramente no cenário das ruas do País. Por elas circulam, sem disfarce, os atores das muitas tragédias levadas ao palco do cotidiano nacional. Nelas convivem, lado a lado, riquezas, misérias e ruínas mantidas em equilíbrio cada dia menos sustentável. Crimes hediondos e atrocidades sutis banalizam-se pela regularidade com que são cometidos, assumindo a condição de fenômenos naturais das nossas ruas, essas artérias do organismo urbano pelas quais circula o sangue da sociedade contaminado pelos vírus de todas as violências.

Nada fica oculto nas avenidas dessa realidade, nem nas praças desse dia-a-dia. Não há censura possível para as vozes que nelas se expressam, para os silêncios que calam fundo, para os olhares que delas se irradiam. Aí se escreve a sociologia dos tristes trópicos com a tinta miscigenada das etnias só aparentemente libertas da escravidão primitiva.

Nada é mais forte, porém, nas imagens dessa fotografia em preto-e-branco, do que a população de crianças e adolescentes a povoarem, como menores errantes, as esquinas, sarjetas, estacionamentos e paradas dos semáforos. É o cortejo de espectros humanos corroídos pela fome, sobreviventes de todas as carências, humilhados pela vida, arrastando sua assustadora sombra no único espaço de esperança que ainda lhes resta, a rua. Vadios, marginais, delinqüentes, violentos, perigosos são algumas das denominações que a sociedade lhes reserva. O retrato falado de qualquer um deles aplica-se igualmente a todos os demais. São magros, baixos em estatura. Têm os olhos encovados, o rosto encardido. São desdentados, precocemente envelhecidos, maltrapilhos, andrajosos. Sua tez é predominantemente parda ou negra. Nanicos, na maioria, são os pigmeus do *boulevard,* na definição de Chico Buarque. Carregam o estigma da desnutrição que se expressa em seus semblantes, se traduz em seu comportamento, se revela na hipotonia do seu desencanto.

Já se disse que não pode haver democracia onde há pessoas que comem menos de 2.000 calorias por dia. Aldous Huxley afirma que, nesses lugares, "infelizmente, as pessoas que tomam decisões são sempre muitíssimo bem nutridas e não se preocupam com o problema da subsistência. Seu problema principal é o poder: quem oprimirá quem?".

A perpetuação desse quadro levará a nação brasileira a desaparecer irremediavelmente. Não pode ter futuro uma sociedade que admite, como mero fatalismo, a desnutrição endêmica a consumir parcela relevante da população. A carência de nutrientes ocorrida na vida intra-uterina reduz o número de neurônios do cérebro, isto é, das células que, em conjunto, constituem a delicada e complexa estrutura nervosa essencial ao desenvolvimento das funções intelectuais, da capacidade de aprender, das habilidades de assimilar e produzir conhecimentos, de todos os requisitos mentais, enfim, que o elevado grau de competição do mundo moderno exige do indivíduo.

Nascidas com baixo peso, retardo de crescimento e insuficiências orgânicas diversas, essas crianças apenas mudam de útero. Passam da matriz materna, reduto inóspito de incontáveis privações originais, para o útero social, abrigo injusto e perverso que discrimina, acentua deficiências, aniquila potenciais, nega afetos, subtrai direitos e gera desesperança, abrindo caminho para o mundo do crack e da cola, em cuja farmacologia sinistra mergulham fantasias e frustrações. Não é outra a história de vida dos inquilinos de instituições como a Febem que, em nome do bem-estar do menor, apenas engrossa o caldo de cultura em que se multiplicam os germes da violência e da brutalidade.

É ilusão pensar que o impasse decorrente dessa tragédia ainda esteja distante. Talvez por isso se tenha abandonado o projeto mais criativo e completo que já se elaborou para promover a verdadeira inclusão social no país, o Centro Integrado de Educação Popular (Ciep), concebido pela genialidade do saudoso Darcy Ribeiro. Desde então, nada se fez de comparável em política pública visando a eliminar as desigualdades tão gritantes que separam os brasileiros já no momento da fecundação. Ao contrário, vislumbra-se unicamente a construção de presídios em larga escala e o reforço do aparato policial para conter a ação de grupos marginais. Projeta-se, assim, num futuro próximo, um país de infâncias destruídas e adolescências encarceradas.

Bastaria a irrefutável evidência científica dos efeitos devastadores da desnutrição e discriminação social sobre o desenvolvimento infantil para justificar a inversão radical das prioridades que vêm norteando a condução dos destinos do país em favor dos interesses das minorias dominantes e dos investidores estrangeiros. Não só no Brasil, mas também em todos os países explorados do planeta, onde as crianças seguem pagando o preço mais alto pelos desatinos das grandes potências da atualidade.

Em 1983, o vice-presidente do México, Echeverria, denunciava em discurso na Assembléia da Organização Mundial da Saúde: "Em cada minuto, através do mundo, um milhão e trezentos mil dólares são gastos com fins militares. Nesse mesmo minuto, trinta crianças morrem nos países pobres, a maioria delas em virtude da desnutrição." Vinte anos depois, o império fundado em tão monstruosa bestialidade continua gerando multidões de crianças famintas e seres humanos sem amanhã.

As imposições estabelecidas pelos organismos financeiros internacionais, tão empolgados com o desempenho atual dos indicadores macroeconômicos do Brasil, são frias e calculistas. Ignoram o cotidiano das ruas e as necessidades das pessoas. Ou nos desvencilhamos dessa armadilha colonialista em que nos meteram, e restauramos a primazia dos indicadores sociais sobre os econômicos, ou reagiremos apenas com rebeliões de presídios e com a delinqüência crescente dos pigmeus do *boulevard*.

CRIANÇAS NO LIXO

O primeiro e maior de todos os direitos humanos é a vida. Nenhum outro se lhe compara em alcance e profundidade. Nenhum outro tem igual poder gerador de virtudes essencias. Tudo o que se lhe opõe opera, pois, na lógica da morte. Não cabe falar em estado de direito numa sociedade que banaliza a vida. Que não a reconhece como único valor transcendental, origem de todos os demais.

Vida não é dom. É direito. Não pode ser negada sem que se configure violência nem destruída sem que se declare crime. A sociedade brasileira, resultado de colonização selvagem que praticou genocídios e impôs escravidão, tem dificuldade de se desfazer da pesada herança colonial que cultua a morte. Convive, sem reagir, com a eliminação da existência alheia para resolver conflitos, apropriar-se de patrimônio, defender a honra, mostrar poder, vingar ofensas, calar opositores.

Diante desse verdadeiro pacto inconsciente de desrespeito à vida, não surpreendem os indicadores de mortalidade infantil que flutuam em queda lenta há algumas décadas. Não emocionam. São números da estatística oficial. Com efeito, sob o olhar técnico e frio dos governantes, milhares de crianças morrem anualmente por razões injustificáveis. Na realidade, não morrem. Não são sujeitos de sua morte. Não se matam. São mortas. Por doenças evitáveis, acidentes preveníveis, violência e agressões ignominiosas, perdem o direito fundamental à vida. Não raro de forma hedionda, monstruosa, com requintes de maldade inimagináveis.

A sociedade levará tempo para reconhecer que criança também tem direitos, entre os quais o de viver em plenitude. As pessoas adultas ainda não se deram conta de que lhes cabe, como dever intransferível, a proteção dos seres humanos que, embora sujeitos de direitos, sejam incapazes de reivindicá-los.

Quando a economia se converte em atividade-fim, não há lugar para os indivíduos economicamente inativos nas preocupações dos governos. Quando se governa apenas com o objetivo de acumular superávits financeiros nas contas públicas, investir prioritariamente na proteção do crescimento e do desenvolvimento da criança é perda de tempo e de dinheiro na ótica da maioria dos dirigentes, tanto de direita quanto de esquerda.

Nessa quadra penosa e interminável da nossa história, a aprovação do Estatuto da Criança e do Adolescente (ECA) foi conquista marcante. Renovou crenças, revigorou convicções. Demonstrou que nem tudo está perdido. Há luz no fim do túnel, ainda que tênue. Mas, a aplicação de diploma legal tão decisivo avançou pouco. Não foi muito além do limite dos protocolos de intenções, embora os preceitos que o constituam tenham força de lei. Numa sociedade em que as leis precisam "pegar" para serem cumpridas, é fácil verificar que, até agora, o ECA não pegou. Logo, não se faz cumprir com a premência que encerra.

A infância brasileira não é percebida com o seu significado ontológico imanente no modelo social que nos desonra e envilece. Ao contrário, na visão de muitos, a criança pobre não passa de produto indesejado, oriundo do determinismo biológico da reprodução humana. Tolerada, porquanto nem sempre evitável. Onerosa aos cofres públicos posto que improdutiva. Somente sobrevive e chega à adolescência porque o acaso – também conhecido por anjo da guarda – geralmente trabalha em seu favor. Nenhuma rede social a protege dos riscos que lhe ameaçam a saúde ou determinam sua morte. Nenhuma política pública digna de sua relevância humana é implantada para impedir carências que desviam a rota do seu crescimento e desenvolvimento normal. Se logra vencer as emboscadas que a esperam em cada esquina da existência, dificilmente será poupada da violência ou do extermínio impiedoso que dizimam a população de adolescentes e adultos jovens na atualidade.

Todos os dias a imprensa noticia o sacrifício de crianças país afora. O número é crescente. São vítimas de abusos, de brutalidades sexuais repugnantes. Fetos são encontrados em esgotos. Recém-nascidos são afogados em rios e lagoas. Infantes são cruelmente violados. A vida de seres humanos tão frágeis e dependentes não é respeitada. É tratada com desprezo. Daí porque o infanticídio é prática para a qual se faz vista grossa em nosso meio. O destino de muitos recém-nascidos rejeitados e pobres tem sido a lata de lixo. Além de lugar eficaz para matá-los, o utensílio simboliza, de alguma forma, o pouco valor que se atribui à criança em boa parte de nossa sociedade.

CRIANÇAS OPERÁRIAS

A sociedade humana aprendeu a conviver com tragédias e injustiças que permeiam os capítulos de sua história ao mesmo tempo deslumbrante e aterradora. E o faz como se estivesse profundamente anestesiada, insensível às brutalidades que lhe corroem a estrutura e devoram o mirrado substrato ético cultivado nas entranhas do organismo social com muito custo e há vários séculos.

Mudam os tempos, sucedem-se as gerações, constroem-se novas ideologias, conquista-se o espaço, acelera-se a comunicação, ganha-se velocidade, mas as chagas e violências de sempre continuam visíveis, incuráveis, aparentemente destinadas a se perpetuarem na face cambiante da terra.

Poucas delas, contudo, têm dimensão tão condenável quanto a exploração do trabalho infantil. A imposição do labor ao corpo humano em fase de crescimento e desenvolvimento é violência cujo significado dispensa adjetivação. Produz repercussões danosas sobre órgãos, aparelhos e sistemas orgânicos em vias de diferenciação celular, bioquímica, anatômica e fisiológica. Nega à criança a riqueza do processo de formação da personalidade, que pressupõe o fazer lúdico, a estimulação adequada, o afeto, a escolarização, a aquisição progressiva e sistematizada de conhecimentos e habilidades que lhe assegurem, na idade adulta, a capacidade de inserção profissional num mercado altamente competitivo.

Refém do trabalho, a criança vive sem direitos. Distancia-se do seu mundo. Torna-se produtiva sem ser força de trabalho. Assume tarefas adultas e percebe salários infantis. Faz coisa séria quando deveria brincar. Seu físico é máquina ao invés de corpo humano. Sua mente é oficina da realidade sem direito a fantasias. Sua alma é morada da tristeza sem abrigo para sonhos.

Na era da globalização, os países do hemisfério sul esgotam recursos naturais e sacrificam energias e potenciais humanos para receberem parte das migalhas que lhes sobram no processo de livre circulação de bens e capitais. Na repartição de tarefas que o mercado mundial impôs ao planeta loteado, entram com a mão-de-obra barata. Não podem prescindir do trabalho infantil. Por isso, os poucos produtos que conseguem exportar derivam do suor de multidões de crianças operárias, consumidas pela crueldade de um sistema que nega a ética e ignora a moral. Assim, no Malavi, paraíso da indústria do cigarro, milhares de crianças trabalham na colheita e secagem das folhas de tabaco; na Costa do Marfim, populações de menores trabalham nas plantações de cacau; e no Equador, grande parte da mão-de-obra envolvida na produção de banana é constituída por crianças de sete a oito anos de idade.

A Organização Internacional do Trabalho estima que 250 milhões de menores com idade entre 5 e 14 anos são obrigados a trabalhar no mundo atual. Mesmo nos países ricos, 11 milhões de adolescentes entre 15 e 17 anos labutam nas atividades da agricultura, construção civil, tecelagem e fábricas de calçados, sendo 120.000 nos Estados Unidos, 200.000 na Espanha, 400.000 na Itália e mais de 2 milhões na Grã-Bretanha.

Em maio de 2002, Gabriela Azurdy, uma menina boliviana de 13 anos, falou a ministros e chefes de Estado reunidos na ONU. Representou as crianças exploradas do mundo. Suas palavras, citadas por Ignacio Ramonet, são chocantes em conteúdo e reclamam ação: "Somos as vítimas de explorações e abusos de toda ordem, somos os meninos de rua, as crianças da guerra, os órfãos da Aids. Somos as vítimas, e nossas vozes não são ouvidas. É preciso dar um basta a tudo isso! Queremos um mundo digno de nós."

O Brasil não foge à regra. Apesar de proibição formal do Estatuto da Criança e do Adolescente, 2,9 milhões de menores entre 5 e 14 anos de idade estão empregados em lavouras, carvoarias, olarias, pedreiras, mercado informal e atividades domésticas em nosso país. Metade deles não recebe qualquer tipo de remuneração. O quadro é contundente e a sociedade complacente. Em 1938, o advogado mineiro José Mendonça denunciava: "A lei proíbe o trabalho a menores de 14 anos; mas, são milhares os que laboram antes dessa idade porque a lei nunca pode prevalecer contra as necessidades da vida, necessidades que a falta de assistência torna mais duras." Sessenta e cinco anos depois, a exploração do trabalho infantil persiste como prática vergonhosa a mostrar o quanto ainda temos de evoluir na consciência ética capaz de aprimorar a sociedade em que vivemos. Enquanto crianças e adolescentes brasileiros estiverem afastados da escola para engrossar a força de trabalho do País, a distância que nos separa da barbárie vai ficando cada vez mais curta.

NATAL SEM FOME

A solidariedade natalina repete-se a cada ano com o mesmo apelo emocional. Costuma ser generosa na acolhida, pródiga na partilha, virtuosa na compaixão. Mas, é uma boa ação programada que acontece com data marcada no calendário. Dura alguns dias, semanas, ou um mês. Não mais. É o período em que não se admite a fome em nossa sociedade. O único, aliás. Passado o Natal, os miseráveis do País voltam a comer apenas o pão nosso de cada dia, ou o que o diabo amassou. De resto, jejuam nos onze meses subseqüentes. Sobrevivem, assim, entre um Natal e outro, das migalhas que vão catando pelos descaminhos da vida. Por isso, seus corpos entregam-se à autofagia consuntiva que os converte em figuras esquálidas, quase cadavéricas. Como a solidariedade é sazonal, a abundância dura pouco para quem a tem como rara ocasião de encher o estômago com o bolo alimentar da caridade.

A fonte inspiradora de sentimento tão nobre é o nascimento de Cristo. Sensibilizadas pela pobreza do menino Jesus, que nasceu na periferia da cidade, despojado de berço e carente de bens materiais, pessoas e instituições comovem-se com a tragédia dos famintos e multiplicam gestos de doação que as engrandecem ao mesmo tempo em que aliviam suas culpas. Organizam o Natal Sem Fome, campanha humanitária em que demonstram vontade de garantir alimentos a todos os indivíduos. A iniciativa é louvável. A intenção é nobre. Pena que seja tão efêmera. Mas, é um bom começo. Uma luz no fim do túnel.

Se a solidariedade natalina da sociedade brasileira se mantivesse durante todos os meses do ano, e não apenas em dezembro, metade de nossas injustiças sociais estaria a caminho da solução. A outra metade já estaria resolvida. O país seria outro.

Difícil, no entanto, quase impossível, é reconhecer que o cenário da manjedoura nunca foi desmontado. Seus protagonistas pertencem ao mundo real, vivem entre nós. Ao nosso lado. Todos os dias do ano. Porque o Natal não é em dezembro, é sempre. Não é em Belém, é em todas as cidades do mundo. Não é presépio, é vida. Não é árvore, é semente. Não é a ceia, é a fraternidade.

Durante o ano inteiro, milhares de meninos Jesus nascem nas periferias do Brasil e agitam nossas ruas com sua presença temida. São frágeis, sujos, magros. São meninos e meninas errando pelos becos em busca do que comer, prostituindo-se e drogando-se para viver. São, a um só tempo, agentes e vítimas de todas as formas de violência, marca registrada do seu mundo. Expõem-se a todos os riscos e não contam com nenhuma sagrada família para protegê-los. Não são poucos, são milhões. Não são atores abstratos de um palco inexistente, são personagens de carne e osso, mais osso do que carne. Nascem pobres, não têm escolha. Crescem carentes, não têm afeto. Desconhecem a escola, não têm chance. Morrem jovens, não têm futuro. Não vieram ao mundo por intervenção do Espírito Santo. Aliás, muitos deles nem sabem de quem são filhos. Os Josés e as Marias da atualidade, nem castos nem virgens, trabalham duro ou estão desempregados, moram em cubículos infectos, embriagam-se com aguardente para fugirem da realidade tenebrosa. Têm muitos filhos, vários deles mortos antes de completarem um ano de vida, outros amargando o submundo dos presídios ou chacinados nos confrontos com a repressão.

Se acolhêssemos com sentimento natalino esses meninos Jesus de todos os dias, teríamos um Natal perene. O Natal verdadeiro. A solidariedade prolongar-se-ia sem interrupção. Não admitiríamos um Brasil que não come. Só haveria o Brasil que come. Erradicaríamos as causas da desnutrição. Os cidadãos fariam, por convicção, o que os governantes não fazem por omissão.

O Natal Sem Fome pode ser um belo gesto, digno de quem pensa no outro, respeita o próximo, reconhece as desigualdades que separam as pessoas neste país. Porém, se ficar reduzido à campanha humanitária que sensibiliza os cidadãos num único mês do ano, perde substância ética para se transformar em ação caritativa, que enche de graça a alma do doador, mas perpetua a humilhação dos que recebem o fruto dessa generosidade prédatada. Só um Natal Sem Fome que dure 365 dias por ano poderá fazer do Brasil um país que realizou a revolução social pelo caminho da inclusão.

Natal Verdadeiro

A história da sociedade ocidental tem raízes no cenário de grandiosa pobreza composto pelo estábulo e pela manjedoura que acolheram José, Maria e o recém-nascido Jesus. O simbolismo desse nascimento singular encerra implicações de enorme atualidade e projeta conclusões desconcertantes para a trajetória ética do ocidente cristão.

Nosso progresso material foi, de fato, espantoso. O homem desembarcou na Lua e sonha fazer o mesmo em outros planetas. As elites nunca viveram tamanho fausto, nem tanto luxo. O Natal passou a ser megashow movido a luzes e efeitos especiais para incentivar o comércio e aquecer a economia. Apesar de tudo, a cena do presépio não se desfaz do imaginário das pessoas. A pobreza chocante dos personagens envolvidos provoca indagações e continua incomodando. Muito pouco mudou, no domínio da ética, ao longo dos 2.004 anos que nos separam do Natal verdadeiro. Opulência e miséria fazem a dialética de sempre.

Respeitada a fé de cada um, é pacífica a constatação de que foi na periferia do mundo, na marginalidade da vida urbana, que o filho de Deus assumiu a condição humana. No mais absoluto isolamento, cercado apenas de alguns poucos animais e pastores curiosos, desprovido de qualquer conforto, tendo por berço um coxo e por teto o céu estrelado, deu início à missão revolucionária que o levaria à morte na humilhação do calvário.

Mas, o Natal tem outro lado simbólico pouco comentado: a bela história de um nascimento e de uma infância bem-sucedidos. Jesus nasceu de parto normal, como nascem quase todos os filhos das nossas periferias. Foi amamentado por Maria, posto que nenhuma alternativa ao leite materno se buscava à época. Sobreviveu ao primeiro ano de vida, sorte que não costuma assistir aos filhos das Marias de hoje. Sobreviveu, também, ao extermínio dos primogênitos, protegido por José e Maria.

Superou as doenças comuns da infância sem ter sido vacinado. Cresceu normalmente e teve desenvolvimento mental tão avançado que lhe permitiu, ainda criança, discutir temas filosóficos com sacerdotes e doutores da lei. Uma evidência luminosa do papel decisivo dos cuidados com a saúde, nos primeiros anos de vida, como garantia do desenvolvimento intelectual e emocional harmônico, requisito insubstituível para uma vida adulta saudável, capaz de contribuir com a evolução da sociedade. Tal como ocorreu com o recém-nascido Jesus.

Passados 2.004 anos, ainda não atentamos para o alcance das mensagens natalinas. Somos surdos aos clamores de igualdade e justiça emitidos pelas figuras vivas que animam os presépios da nossa realidade. Somos cegos à essencialidade da infância, que ignoramos ou desprezamos. Mesmo dispondo de riqueza nacional superavitária, mantemos 27 milhões de crianças na pobreza absoluta e aceitamos taxa de 35 óbitos em cada mil crianças com idade inferior a cinco anos, a maioria nas favelas e nos entornos paupérrimos das cidades, onde vivem 44 milhões de brasileiros. Passados 2.004 anos, continuamos a crucificar, quando adultos jovens, os recém-nascidos das periferias modernas, que crescem apesar de todas as carências e privações que conspiram contra os primeiros tempos de sua existência. A história repete-se há mais de dois milênios. Muda apenas a coreografia dos calvários, hoje morros ou "complexos", onde as cruzes são as metralhadoras utilizadas nas chacinas e execuções do cotidiano.

O Natal não pode ser a orgia do comércio, nem o reinado de Papai Noel, esse velhote-propaganda injusto e discriminador, símbolo da alienação consumista. Não pode ser pretexto para banquetes pantagruélicos, chamados "ceias natalinas", em que os convidados trocam um "Feliz Natal" vazio de sentido, antes de se enpanturrarem, como gargântuas, até o limite da indigestão. O verdadeiro Natal é a festa dos recém-nascidos, dos meninos e das meninas. De rua ou não. É a sagração da infância como fonte cristalina da vida e promessa de existência saudável. É a celebração do parto, o acolhimento da humanidade inteira condensada na singularidade de cada nova criança que vem à luz, e que passa a povoar o nosso mundo, trazendo virtudes potenciais e esperanças legítimas.

O dia 25 de dezembro deve ser data para renovação do compromisso coletivo com os recém-nascidos. Não apenas com o que nasceu, cresceu e foi crucificado há 2.004 anos. Mas, com os de hoje. Os de agora. Os de amanhã. O compromisso de assegurar-lhes pleno florescimento das virtudes originais e de tornar realidade as esperanças telúricas de paz e cidadania que todos encarnam ao nascer.

NATAL: JESUS OU NOEL?

A comemoração do Natal perdeu conteúdo. Esvaziou-se. O significado da festa não é mais o mesmo. Deixou-se substituir pelo culto da forma, pela ditadura dos efeitos especiais. O simbolismo sublime que a data encerrava sofreu profunda mudança ao longo do tempo, tal como os valores morais e éticos cultivados pelas sociedades no curso da história. Quase nada restou da tradição original. Apagou-se da memória a imagem do nascimento de Cristo, personagem síntese do despojamento e da ruptura que inspirou seus seguidores mais arraigados.

A mudança na significação do Natal é um dos mais fortes sinais de declínio dos valores éticos na sociedade ocidental. Já quase não se pensa na vida, obra e exemplo do personagem cujo nascimento deveria festejar-se nessa data. O menino Jesus é mera figuração numa realidade materialista onde o único sonho é o acúmulo de bens, a abundância de produtos consumíveis, o fausto, a luxúria, a concentração de riquezas. A carreira da prodigiosa criatura nascida na manjedoura, acolhida pelos pais, por alguns solidários pastores e pelo calor de humildes animais, marcou época, fez história, mobilizou povos, mas não resiste ao esquecimento progressivo a que foi relegada nos últimos séculos.

Deslocou-se do cenário natalino a figura central da criança predestinada a cumprir missão revolucionária em todos os tempos. Em seu lugar, surgiu e ganhou importância um velho dadivoso e gordo que enche de bens materiais as crianças comportadas. É o simpático Papai Noel, um idoso lépido e ousado que entra pelas chaminés sem sujar sua sedosa roupagem. Hospeda-se hoje em dia nos shoppings ricamente decorados, onde posa para fotos ao lado de crianças assustadas, cobrando caché de estrela de brilho efêmero. Anuncia presente para todos. Alguns se frustram. Outros são tomados de fascínio pelo que ganham. Quando o saco de presentes esvazia-se, o velho desaparece até o Natal seguinte.

Gerado nos primórdios do capitalismo, Noel é a versão moderna de São Nicolau, bispo nascido na Turquia em 280 d.C. Fez legenda de caridoso clérigo que atirava saquinhos de moedas pelas chaminés das casas de famílias em dificuldade. Uma espécie de monetarista primitivo. Os europeus assimilaram a lenda e deram contorno festivo à tradição que criaram. À medida que a sociedade de consumo expandiu-se, Noel foi promovido. Tornou-se parceiro da indústria e do comércio. Roubou a cena do presépio. Trouxe o trenó. A vaca e o burro, cujo hálito aquecia o recém-nascido Jesus, viraram renas ligeiras a puxarem a espécie de papa-móvel que transporta o bondoso velhinho. Produziu a neve no país tropical. Plantou a árvore cheia de bolas coloridas. Matou o galo da antiga missa de meia-noite. Substituiu a "Noite feliz" pelo *Jingle Bell*. Os Reis Magos foram depostos e sua monarquia bíblica entrou na era da economia de mercado, da sacralização do consumo. A Coca-cola mostrou competência. Enxergou longe. Em 1881, mudou a roupa de Noel, que era marrom. Colou sua marca e suas cores nesse novo ícone popular do capitalismo. Globalizou o velhinho. Aumentou as vendas. Faturou bilhões. Não se descola mais do velho-propaganda.

O Natal vive crise de identidade. Aculturou-se. Deixou-se contaminar pelo germe virulento da economia. É alegria que depende do 13° salário, do crediário, das prestações. A ceia em família, outrora um singelo momento de fervor descontraído, nada mais expressa além do prelúdio da indigestão. Comer e beber até o limite da onda emética.

Jesus nasceu em lugar pobre, porém certo e sabido, sob os cuidados materno e paterno. Noel apareceu de repente deslizando na neve. Jesus tem pai e mãe conhecidos, uma família. Noel é sempre só, filho de pai e mãe ignorados. Jesus teve infância, adolescência, tornou-se adulto como todos os homens. Noel já nasceu velho. Jesus expulsou os vendilhões do templo. Noel é o padroeiro do comércio, pregou a igualdade dos seres humanos, a distribuição da riqueza. Noel discrimina as crianças pelo valor dos presentes que lhes dá e perpetua a concentração da riqueza. Jesus veio para libertar o homem. Noel foi criado para servir ao assistencialismo sedutor e consumista. Jesus era magro. Noel é gordo, quase obeso. Jesus morreu crucificado pela elite da época. Noel nunca morreu.

Todo ano a escolha recoloca-se para a sociedade. Duas biografias opostas. Dois rumos inconciliáveis. Nascer para a vida plena ou viver apenas para o consumo delirante. Natal de Jesus ou de Noel. Consciência ou alienação. Ser ou ter.

Adote Um Ser Humano

Manhã de sábado, preguiçosa, fumarenta e seca. No fundo de uma das lojas do comércio local, um pequeno evento cheio de significados. Ao som de *"New York, New York"*, tocado por banda "renquém", algumas dezenas de pessoas aglomeram-se à volta de uma gaiola, onde igual número de filhotes de cães limpos, perfumados e saudáveis chama a atenção pelo charme do pêlo e a alegria da cauda hiperativa. Ouvem-se arroubos de afeto e explosões de falas carinhosas que culminam na compra dos animaizinhos expostos à venda. Estendida entre duas colunas do estabelecimento, uma faixa colorida destaca a ternura do gesto empresarial: "O empório dos bichos congratula-se com os idosos da nossa comunidade". Estranha mensagem. Bichos e idosos irmanados na cultura da bodega. Colocados no mesmo saco, como se fossem de uma única espécie.

Na mesma manhã, coincidentemente, num dos recantos mais movimentados do Parque da Cidade, outras gaiolas com filhotes das mesmas espécies e uma faixa com forte apelo emocional: "Adote um cachorro". Como adoção é ato que se aplica unicamente ao ser humano, a mensagem insinua sinonímia entre homens e cães. Pêlos à parte, é o fim da discriminação do ser canino que, de tão fiel ao humano, com ele se iguala. Se não na escala zoológica, pelo menos na vida doméstica. Talvez por isso, os filhotes do Parque tenham sido todos vendidos naquela manhã.

O espetáculo repete-se todos os sábados. Aumenta, em conseqüência, a população de cachorros em Brasília. Em ritmo vertiginoso, os apartamentos do Plano Piloto vão se enchendo desses animais, de tal sorte a transformarem os blocos das quadras residenciais em verdadeiros canis. Para todas as espécies. De *poodle* a *pit-bull*, nenhuma raça deixa de ser acolhida, com carinho, ração, casa, cama, roupa lavada e passada. E, assim, a quietude das superquadras cede lugar à sinfonia inacabada de rosnados e latidos intermináveis, cortando o silêncio das madrugadas como incômoda cantoria desses repentistas inimigos do silêncio. A manter-se tal tendência, em breve os endereços de Brasília poderão ser também escritos da seguinte maneira: SQS 305, Canil B, Gaiola 305.

Nada contra a cinofilia, desde que respeitados os ambientes coletivos, onde alguns seres humanos ainda se sentem no direito de se julgarem diferentes dos seres caninos. E desde que a cidade não se deixe levar por mais esse estímulo ao consumo que se aproveita da sensibilidade dos moradores para ampliar as fronteiras de um negócio que se expande a pleno vapor – a indústria e comercialização de produtos diversos para os cães domésticos.

Não há qualquer exagero nessa observação. Quem caminha atualmente pelas calçadas das superquadras sabe que terá de se desviar ou de se proteger muitas vezes de verdadeiras matilhas que progressivamente vão ocupando os caminhos antes reservados aos humanos. É a população que mais cresce em Brasília. As páginas amarelas da lista telefônica brasiliense já registram 57 lojas especializadas. São os chamados *pet shops*, denominação que renega a denominação tupiniquim para tais estabelecimentos do comércio, isto é, lojas de animais domésticos. Sem falar das clínicas especializadas que proliferam com igual velocidade. Das funerárias e dos cemitérios para cães. Dos *personal trainers* que os levam para a prática da natação, onde se livram do estresse. Ou ainda dos acupunturistas que utilizam a tradicional técnica da medicina chinesa para propiciar aos caninos o merecido relaxamento diante das tensões da vida de cachorro.

Estimativa da Associação Nacional de Fabricantes de Alimentos para Animais afirma que há no Brasil 27 milhões de cães e 11 milhões de gatos domésticos. Constata que, desde a década de 1980, essa população cresceu rapidamente no País porque os cães deixaram de ser criados apenas para defenderem a propriedade de seus donos. Passaram a integrar suas famílias, como filhos, sobrinhos, netos, ou amigos de fé, irmãos camaradas. São grandes consumidores, cada vez mais sofisticados. De rações enriquecidas com nutrientes diversos a produtos de beleza, compra-se de tudo para fazer a felicidade desses seres animais humanizados. São os produtos da moda, os artigos do momento. Um mercado que enche as burras de famosas empresas multinacionais.

Promovidos à condição de nossos semelhantes, graças à bem-sucedida campanha de adoção orquestrada por essas empresas, os cães domésticos têm vida de nababos. Segundo números divulgados pela revista *Meio & Mensagem*, o consumo de ração cresceu de 220.000 toneladas em 1994 para 1.172.000 em 2001, com um faturamento que passou de 142.600.000 para 478.732.000 dólares no mesmo período. Não demora, chegaremos à mesma situação de alguns países europeus, nos quais a venda de ração para cachorros é superior à de alimentos para crianças. No caso deles, porque as crianças tornaram-se escassas. No nosso, porque as abandonamos.

Em nossas ruas, já quase não existem os cachorros sem dono, os animais sem domicílio. Em seu lugar, estão os meninos de rua, as crianças sem lar, as gerações sem futuro. Pedem trocados, catam migalhas, fuçam o lixo, como dantes faziam os vira-latas a procura do que comer. É a face cruel da sociedade brasileira, agravada pelo consumismo desvairado que a torna cega às injustiças, insensível ao sofrimento dos menos afortunados.

Para ser verdadeira, a solidariedade nacional precisa mudar de foco. Sem prejuízo dos felinos que já conquistaram direito à vida digna, a campanha da fraternidade deveria ter por *slogan* a exortação: "Crie um cachorro, mas adote um ser humano."

TRISTE FIM DOS CURUMINS

O homem sempre criou mecanismos psicodinâmicos de forte simbolismo para aliviar suas culpas e compensar os fracassos mais contundentes. A sublimação da realidade é um dos mais comuns. Transfere para a dimensão dos fenômenos imponderáveis – portanto impessoais – omissões, descasos e inépcias responsáveis por eventos com desfecho moralmente condenável.

A morte de uma criança nos primeiros anos de vida é uma das maiores frustrações da espécie humana. A criança traz o sentido de um projeto de vida, a força telúrica dos genes e a garantia de continuidade do tronco familiar. Sua morte interrompe expectativas, gera culpa e alimenta depressão.

Para mitigar os efeitos da incômoda derrota, a religião inventou o remédio que faltava. Fez crer que as crianças não morrem. Viram anjos. Como têm asas, o céu é o seu limite, e não a pequena cova em que passam a residir. Os enterros de anjos são muito freqüentes nos locais onde a mortalidade infantil é elevada. A fé nesse ritual de conveniência faz o povo esquecer a pobreza do lugar, a ignorância dos habitantes e a falta de recursos sanitários que interrompem a vida de crianças e aumentam a população dos anjos celestiais. A angelização do infante morto é a forma mais sutil de sublimação do infanticídio oficial.

A seqüência de óbitos de crianças nas aldeias e reservas indígenas de Dourados – oito em dois meses – expõe a sociedade brasileira a um dilema de difícil superação. Ou assume que os filhos das nações indígenas têm os mesmos direitos de todas as crianças ou os devolve às aldeias originais, com pedido de desculpas e promessa de que nunca mais serão molestados. Afinal, os que aí restam, não mais índios, porém ainda não brancos, sem identidade pessoal ou cultural, sem o idioma dos ancestrais, resultam de quinhentos anos de resistência às tentativas de genocídio.

Mostram as feridas abertas pela colonização violenta que lhes tomou terras, nascentes, rios, vidas, virtudes, homens, mulheres e crianças.

Desde a chegada dos colonizadores portugueses, os silvícolas foram tidos como seres sem alma, sem fé, sem lei e sem rei. Nunca foi pecado matá-los. A verdade cristã precisava subordinar os gentios, fazendo-os temer a Deus e aos reis europeus. Os massacres cometidos em nome dessa causa estão escondidos nas entrelinhas da história oficial. Para os colonizadores, os curumins e cunhatãs não tinham alma, não viravam anjos quando morriam. Não iam para o céu, morada que não admite a presença de selvagens. Não faziam jus a enterro. Seus corpos eram abandonados pelos algozes, como carcaças sem valor, à voracidade dos abutres.

O extermínio de curumins nunca cessou. Na década de 1950, quase desapareceram. Viviam na selva, hoje estão recolhidos às reservas. Eram numerosos, cresciam em equilíbrio com a natureza e a mãe Terra. Hoje são poucos e amargam, errantes, com suas famílias desmanteladas, a situação de desaldeados e o martírio do desterro. A prevalência de desnutrição atinge 27% das crianças nas aldeias da região de Dourados, e a mortalidade infantil é de 64 por mil, quase três vezes maior que média nacional. São índices que ameaçam de extinção esses povos. Ameaça que não se resolve com cestas básicas, mas com medidas que lhes assegurem a terra da qual foram expulsos.

Mudanças de hábitos de vida – de caçadores passaram a sedentários – e alternativas alimentares inadequadas, impostas pela expansão dos garimpos e fronteiras agropecuárias em seus domínios, expõem os indígenas a carências nutricionais que não conheciam quando viviam por conta própria, distantes dos brancos que os dizimaram. Nessas condições desfavoráveis, desaparecem suas práticas naturais, os adultos tornam-se obesos e as crianças desnutridas.

A impiedosa aculturação, a que se vêem condenados, leva os mais velhos ao alcoolismo e ao suicídio e as crianças, com baixa cobertura vacinal, à desnutrição e às infecções graves que provocam sua morte. Assim é a realidade dos índios na região de Dourados e na maioria das demais. O desfecho dramático dessa trama de fatores ofensivos à vida das crianças indígenas, que a Sociedade Brasileira de Pediatria vem debatendo e denunciando, há seis anos, era previsível. Uma crônica de mortes anunciadas que poderiam ser evitadas. Um escândalo que não se oculta, porque não há como sublimar a responsabilidade pelos óbitos evitáveis. Se os curumins mortos não viram anjos, seus espectros carcomidos pela fome viram fantasmas que assombram nossa consciência acomodada e reclamam os direitos que lhes negamos.

PIXOTE II

Fazer pregação de princípios humanitários em sociedade de consumo é perda de tempo. Não passa de atestado de ingenuidade ou comprovante de hipocrisia. Serve, quando muito, para aliviar culpa. Não ecoa nos salões da elite, nem atinge ressonância nos redutos da classe média. Para os pobres, é redundância.

A recente matéria da TV Globo sobre crianças desfiguradas no inferno da droga e do tráfico foi contundente. Deu Ibope. Chocou. Ouviu opinião de técnicos. Anunciou cruzada de redenção da infância. O País ficou cara a cara consigo mesmo, mas não se deu conta disso. Afinal, resta sempre a impressão de que a tragédia reside lá nas favelas do Rio de Janeiro. Bem longe. A sociedade apenas lamenta o descaso das autoridades e condena a ação dos bandidos. Quanto ao mais, cada qual no seu canto. A vida continua. Vivemos para consumir, sem perceber que somos consumidos na mesma fogueira desse desatino social. Pagamos o preço dos governos medíocres e corruptos que elegemos.

Um povo que não entende o valor da infância está perdido. Desconhece os direitos fundamentais, ignora o ciclo sublime da vida e navega na banalidade do supérfluo, perseguindo a supremacia do ter em detrimento do ser. O modelo social em que enveredamos não dá lugar para ética existencial. Nem para a alteridade. Conta unicamente a capacidade de comprar, acumular, desperdiçar e de se comprazer na abundância de bens materiais para o conforto pessoal. Cada um para si e Deus para ninguém. O egoísmo é a medida de todas as coisas.

Há mais de dez anos, o cineasta Hector Babenco gerou a obra cinematográfica intitulada *Pixote – a lei do mais fraco*. Uma produção fantástica, digna dos prêmios que colheu. O filme revelou sentimentos de uma infância sem amanhã, traída, negada, morta. A mesma realidade comovente em que nascem, crescem e morrem os meninos dos morros, mostrados pelo Fantástico. Nada de diferente. Nada de novo. Talvez a tecnologia de imagem mais apurada e câmeras prodigiosas a reproduzirem, em tempo real, a desgraça captada pelas lentes de última geração.

Pixote marcou época. Não deixou dúvida sobre a perversidade ignominiosa que sela definitivamente o descaminho da infância abandonada na periferia dos nossos compromissos de cidadãos. O menino ator terminou abatido pela polícia, quando adulto jovem. Símbolo do destino das crianças que protagonizou tão bem. Símbolo dos garotos sem rosto que expressaram, na televisão, todo o desdém pela vida, numa sociedade que prefere vê-los mortos, como bandidos, a ter de abrir mão do egoísmo avassalador em que se deleita.

Todo ser humano vem ao mundo com potencial próprio, original. Para realizá-lo, tem longo caminho a percorrer. O ponto de partida é o útero, onde se ocultam verdades mal conhecidas. É nas suas águas que o feto navega durante nove meses. Mergulha nas ondas do mar amniótico, adquire sensações, descobre referências espaciais, movimenta-se, expande-se. Supera o trauma do nascimento, a ruptura da bolsa e vem à luz. Porém, o que nasce Pixote já chega em ambiente hostil. É antes de tudo um forte. Negam-lhe os direitos fundamentais, embora assegurados em todos os diplomas legais. Reivindica pelo choro, mas não é entendido. Traz consigo as marcas visíveis da personalidade em formação, freqüentemente despercebidas. Tenta consolidar afeto com a figura materna, alicerce para seu desenvolvimento mental, mas nem sempre é correspondido, quando não rejeitado. Procura a figura paterna, mas raramente a encontra. Não cresce como deve, mas como deixam. Não pensa como sabe, mas como querem. Começa a se dar conta de que o útero social é insensível e tenebroso, apesar de toda a luz. Mas, não há volta. Está condenado à vida, até que se liberte pela morte.

Essa é a história dos meninos do morro, dos curumins desnutridos, das prostitutas meninas, dos adolescentes que operam bocas-de-fumo, das crianças operárias, dos infantes de rua, dos trombadinhas que geram emprego para a polícia, dos recém-nascidos abandonados.

Enquanto a maternidade for vista como problema econômico e não como fonte de vida, não faltará pauta para reportagens sobre a miséria humana. Enquanto a sociedade não descobrir que o patrimônio da nação é a criança, cujo crescimento e desenvolvimento é responsabilidade de todos e não apenas da família, continuaremos a fabricar violência, contratar policiais, construir presídios, manter traficantes. Mudam os atores, mas o filme será o mesmo. Em nova versão, é claro. Como a do Fantástico, cujo título adequado seria Pixote II.

Caninos ou Meninos de Rua?

Há fatos marcantes da história mais recente do Brasil que merecem ser recuperados. Prestam-se a desencadear reflexões sobre absurdos do presente que guardam semelhança com insanidades do passado. Demonstram que a sociedade mudou muito pouco quanto aos valores éticos, que se nega a cultivar. Ou quanto à justiça, que se recusa a praticar. Modernizou-se na aparência, mas continua esclerosada na essência. Quer ser rica, pujante, superavitária. Não quer ser justa, fraterna, igualitária.

Há setenta anos, o jurista Sobral Pinto atuou como advogado *ex-ofício* na defesa de Luiz Carlos Prestes e Harry Berger, líderes da intentona comunista de 1935. Aceitou o encargo de defender ateus apesar de ser católico convicto. Agiu com a inteligência e a dedicação que fizeram dele um servidor incansável da justiça. Não mediu esforços nem riscos pessoais para enfrentar a ditadura Vargas. O caráter selvagem da detenção a que foram submetidos seus clientes – Berger era cruelmente torturado – chocou-lhe a mente humanista. Tentou mudá-los de presídio. Fez inúmeras petições fundamentadas com solidez conceitual incontestável. Todas foram ignoradas pelo Judiciário da ditadura.

Diante do fracasso nos caminhos do direito tradicional, Sobral Pinto deu curso à indignação que se apoderou de seu espírito cristão. Informado de que um juiz de Curitiba invocara a Lei de Proteção aos Animais para condenar à prisão um carroceiro que açoitara, até à morte, o cavalo já exausto que caíra sem forças por terra, valeu-se do mesmo diploma legal para sustentar a defesa de seus clientes. Elaborou nova petição apoiada no inciso que proíbe aplicar maus-tratos aos animais ou mantê-los em lugares insalubres. Nada mais lógico. Nada mais coerente. Se a ditadura não via procedência na reivindicação de condições dignas de prisão para seres humanos, certamente as poderia conceder por conta de possível sensibilidade aos direitos dos animais.

Hoje não há mais comunistas detidos. Há, porém, milhões de pessoas sobrevivendo em condições tão miseráveis quanto às das masmorras que geraram a atitude de Sobral Pinto. Mais ainda, uma profusão de crianças e adolescentes perdidos nas ruas das cidades. Multidões de carentes afetivos com corpos esquálidos porque desnutridos e mentes erráticas porque desprovidas de referencial. Não despertam solidariedade. Não confrangem a alma dos motoristas, para os quais a infância abandonada parece brotar do asfalto. Não suscitam emoção dos transeuntes de uma sociedade tão hipócrita quanto cristã. Ao contrário, incomodam porque pedem migalhas. Perturbam porque são insistentes. Irritam porque são imprevisíveis, surgem de todos os cantos, habitam todas as esquinas, roubam a cena dos semáforos com apresentações de malabarismos fugazes ou com a limpeza dos pára-brisas, mostrando serviço na tentativa de serem retribuídos com algumas moedas.

Ao mesmo tempo em que esses novos moradores das ruas fervilham para desagrado da elite dominante e trafegante, há uma população de cães saudáveis, pêlos tosados, coleiras artísticas, trajando às vezes roupas de inverno, a desfilar pelas calçadas sob os cuidados dos carinhosos donos. Vivem bem os cachorros neste país. Não passam frio nem fome. Têm acesso fácil aos cuidados de saúde. Possuem professores particulares para educá-los. Babás para proporcionar-lhes passeios regulares. Crescem em meio à abundância de afeto que lhes dispensam os membros das famílias pelas quais são criados.

A sociedade brasileira resolveu bem o problema dos cachorros de rua, dos vira-latas antigos, dos cães vagabundos que erravam pelas ruas. Já não são vistos nas vias públicas. Foram reconhecidos como seres humanos, conforme propôs o ex-ministro Rogério Magri. Mudaram de classe social. Foram promovidos. Em seu lugar, surgiram os meninos de rua. São os atuais vagabundos. Os vira-latas humanos que remexem o lixo em busca de comida, tal como faziam os cães de antanho. Os apelos de entidades que lutam pela justiça e pelos direitos dessas frágeis criaturas têm sido inócuos. São vozes sem eco. Petições ignoradas. Estatutos tornados letras mortas. Clamores que não comovem.

Diante da insensibilidade do poder constituído, só resta invocar a Lei de Proteção aos Animais para amparar nossas crianças com os direitos que lhes são negados. A natureza animal da infância deve ser considerada quando a humana já não a justifica. Só assim haverá, quem sabe, meninos e meninas saudáveis nas ruas do Brasil. Felizes ao lado de seus afetuosos familiares. Como os caninos.

MENINAS PROSTITUTAS OU PROSTITUÍDAS?

Há unanimidades de opinião inservíveis. Não têm correspondência com ações que possam transformar realidades degradantes. Mormente quando urgem reformulações morais ou avanços éticos. Nesses casos, tende a reinar a passividade cúmplice ou a hipocrisia sem limite. Assim se comporta a sociedade diante de violências que se arrastam sem solução, apesar do repúdio coletivo que aparenta rejeitá-las.

A prostituição infantil é problema que expõe a ambigüidade dos porta-vozes das elites. Todos concordam que se trata de ferida terrível a desmerecer a imagem do País. Todos concordam que não se devem adiar as medidas necessárias ao tratamento de doença social cuja expansão parece fugir ao controle.

No entanto, as ruas das capitais brasileiras estão povoadas por meninas prontas a alugar os frágeis corpos em troca de parcas moedas ou de um prato de comida que lhes atenue a fome. São crianças pobres, carentes, desprotegidas, relegadas à própria sorte na ebulição desumana das cidades modernas. Vítimas de um modelo social que lhes rouba direitos fundamentais, estão condenadas não à morte, mas à vida. São atemporais, não vislumbram a perspectiva do amanhã. Realistas, porque se restringem à fronteira segregadora do hoje, à cronologia fugaz do agora. Falta-lhes o viço imanente à infância. Não chegam a ser adolescentes porque a vida não lhes permite ser crianças. Tampouco são criaturas a desabrochar na floração da ingenuidade original. Não brincaram, não fizeram-de-conta, não sonharam. Crescem ao acaso, reféns do azar. Não passam de objetos, jamais sujeitos. São usadas e abusadas, como mercadorias, por monstros covardes que só conseguem ejacular a bestialidade de mente grotesca.

A economia das regiões turísticas do País passou a depender do trabalho de meninas nascidas para a infelicidade. Crianças miseráveis que produzem riqueza para outros, oferecendo os corpinhos violados à selvageria dos consumidores do turismo sexual. Escândalo divulgado à exaustão. Contudo, quase nada se faz para conter a torpe ignomínia. Ou melhor, faz-se alguma coisa: vista grossa. Até porque, na lógica amoral do mundo econômico, as pobres crianças são imprescindíveis porque geram emprego.

O Congresso Nacional preocupa-se até com a perda da liberdade de expressão dos venezuelanos. Não se dá conta, porém, de que nossas meninas prostituídas não têm liberdade. Muito menos a de expressão. Os governantes, por seu turno, talvez desconheçam que nossas mocinhas de rua são iguais às suas filhas. Têm, ao nascer, potenciais genéticos similares, as mesmas necessidades afetivas e nutricionais, beleza infantil e pureza originária. Só diferem na acolhida assegurada pela sociedade. A umas, a mais completa e afetuosa. A outras, nenhuma. Só o descaso, a humilhação, a agressão emocional e afetiva, por certo a pior de todas.

Não cabe falar em prostituição infantil. O conceito é tendencioso, inculpa quem ainda não tem maturidade, nem terá, para o processo decisório que a transação do corpo feminino requer, no livre mercado do sexo. A criança não decide prostituir-se. É prostituída covardemente por um adulto — este sim — ciente do crime que comete. Não há meninas prostitutas. Há adultos prostitutos, quase todos impunes. A violência que cometem é hedionda, brutalidade que atenta contra a moral, a ética, a justiça. Além de conspurcarem seres humanos em fase de crescimento e desenvolvimento, portanto tenros, vulneráveis, sem condições de defesa, aproveitam-se da pobreza material das vítimas para corrompê-las.

A exploração sexual de menores só prospera em sociedades que abandonam crianças. Logo, são inócuas as leis punitivas dos corruptores. Não atingem a causa do mal. Para tanto, é imperioso proteger as crianças desde a fecundação; irrigar-lhes a vida com afeto, boa nutrição e estímulos saudáveis; investir na segurança da maternidade; garantir a plenitude do ciclo de vida destinado ao crescimento e ao desenvolvimento, vale dizer infância e adolescência. Já passa da hora de o Estado prover educação infantil, ensino fundamental e médio de qualidade, em tempo integral, para todas as crianças. Única prioridade capaz de erradicar as prostituições da vida brasileira.

A persistir a realidade atual de desprezo com a infância pobre, seria menos hipócrita orientar meninas prostituídas a reagir segundo poema de Vinícius de Morais: "Por que não ateais fogo às vestes e vos lançais como tochas contra esses homens de nada, nessa terra de ninguém?"

Licença-maternidade: Seis Meses É Melhor

A sociedade humana vive processo de contínua transformação de costumes ao longo da história. O progresso material é valor incontestável dessa trajetória. Decorre da incorrigível vocação tecnológica do homem na busca incessante de soluções para superar dificuldades em sua relação com a natureza.

As conquistas feitas no plano material são impressionantes. Contribuíram certamente para garantir a sobrevivência da espécie até os nossos dias. Cobraram, em contrapartida, mudanças de comportamento nem sempre feitas em conformidade com os fenômenos naturais construídos pelas transformações evolutivas que nos trouxeram da instância de protozoários até a condição atual de mamíferos superiores. Perderam-se, em conseqüência, benefícios biopsicossociais que se acreditava inerentes à condição humana. Como toda perda exige compensação para que o equilíbrio do sistema vital se mantenha, surgiram alternativas compensatórias para as rupturas causadas em cada etapa da evolução tecnológica da humanidade. A criatividade da espécie tem-se mostrado inesgotável nesse sentido.

O ingresso da mulher no mercado de trabalho é conquista de incalculável dimensão humana, enorme valor social e inegável grandeza econômica. Com efeito, a libertação do imenso patrimônio intelectual da mulher, rico em originalidades de gênero, antes represado, trouxe para sociedade humana o componente feminino que faltava à completude do processo de construção social. A humanidade amadureceu. A duras penas, é verdade. Mas de forma irreversível.

Na esteira desse avanço de formidável sentido histórico, algumas mudanças de costumes revelaram-se indispensáveis. A maior delas ocorreu na função materna, profundamente alterada pelas novas atribuições que a mulher passa a ter na sociedade. A maternidade perde cenário, esvazia-se em ritual, desfigura-se como interação afetiva essencial, dispõe de pouco tempo, delega-se a terceiros ou a instituições diversas. O binômio mãe-filho, outrora estampado com as cores do sublime nas telas dos grandes mestres de antanho, cede lugar para o bebê solitário, habitante das creches, cuidado pelas babás ou pela tia de todos. O aleitamento materno, mecanismo natural de aconchego e nutrição, direito da criança, substituiu-se por alternativas artificiais da alimentação, muito distantes em qualidade se comparadas à riqueza infinita da amamentação.

A desfiguração da maternidade não é perda só na forma de um processo natural. É prejuízo na sua substância, hoje entendido como negação de direitos tanto à mulher quanto à criança. Direito que se fortalece em sua doutrina à medida em que os conhecimentos científicos apontam para o caráter essencial da relação mãe-filho nos primeiros tempos da existência da nova criatura. De fato, o cérebro da criança cresce em velocidade máxima durante os três últimos meses de vida intra-uterina e nos seis primeiros meses de vida extra-uterina. Depois disso, a velocidade de crescimento reduz-se para atingir a dimensão próxima à do adulto aos dois anos de idade. Se não cumprir as metas desse período de vida, não se desenvolverá normalmente. Para crescer, o cérebro necessita de nutrientes adequados em quantidade e qualidade. Precisa também de estímulos. Os nutrientes abundam no leite materno. Os estímulos fazem-se de forma imperceptível, natural. É o contato corporal com a mãe, o calor desta intimidade original, o som afetivo emitido a cada carícia feita, o odor exalado da fonte materna, o sorriso de alegria telúrica, o olhar radioso, o embalo espontâneo, a cantiga que brota da alma encantada. O aconchego que resulta de uma interação sensorial tão estreita dá à criança a sensação de pertencimento, referencial indispensável à estruturação de sua personalidade. Esses estímulos fazem o cérebro crescer. Intensificam as ligações entre os neurônios, as sinapses, decisivas para o desenvolvimento mental da criança.

Segundo observa Pedersen, psiquiatra da Universidade da Carolina do Norte, a quantidade e a qualidade dos cuidados maternos recebidos durante os primeiros seis meses de vida determinam a competência social do adulto, a habilidade de lidar com o estresse, a agresividade e mesmo a opção pelo uso de drogas. Sugere, também, que há sistemas neuroquímicos, como os da ocitocina e da vasopressina, que se desenvolvem no cérebro e se associam ao afeto materno, à agressividade e outros comportamentos sociais. Tais sistemas são fortemente afetados pelos cuidados com a criança durante os primeiros anos de sua existência. Dependem do vínculo afetivo que se estabelece entre a mãe, a criança e, progressivamente, o pai e a família como primeiro grupo social. Garantem os vínculos sociais estáveis ou podem ser a fonte da violência humana.

A licença-maternidade tem uma função social de alcance ilimitado à luz dos conhecimentos científicos que permitem evidenciar a importância do que se passa nos primeiros anos de vida e principalmente nos seis primeiros meses de vida. As sociedades que entendem o futuro como resultado criam redes sociais de proteção à maternidade, período decisivo para a formação do cidadão.

As restrições à licença-maternidade atestam apenas o atraso e o preconceito que ainda remanescem na sociedade. Demonstram, ademais, a ignorância dos fatos científicos que a sustentam. Revelam visão limitada do conceito de trabalho. Entendem que a mulher repousa tranqüilamente durante a licença-maternidade. Ignoram a carga de trabalho, o esforço e o cansaço que a função maternal exige da mulher.

O Brasil avançou muito na legislação quando definiu o direito a licença-maternidade de quatro meses. Não é ainda uma conquista sem custo emocional para a mulher. As empresas precisam evoluir. Seu papel social é cada vez mais exigido na atualidade. Em sociedades mais avançadas, tais como as da Escandinávia, a licença-maternidade chega a ser de 68 semanas.

A Sociedade Brasileira de Pediatria, em parceria com a OAB, elaborou projeto de lei que estende a duração da licença-maternidade por mais dois meses. A iniciativa procura avançar na linha de proteção da maternidade e de garantia de direitos. Não é projeto impositivo. Nem a mulher, nem a empresa ficam obrigadas a prolongar a licença-maternidade. Se o fizerem, o Estado isenta a empresa dos custos correspondentes por meio de dedução integral na declaração de renda. Cria-se, assim, a figura da empresa cidadã. Não há qualquer custo adicional para a previdência social. O recurso previsto deriva de renúncia fiscal pelo Estado. O projeto de lei tem a autoria parlamentar da Senadora Patrícia Sabóia e tramita pelo Senado Federal com apoios importantes que permitem prenunciar sua aprovação. A relação custo-benefício é plenamente favorável à aprovação do projeto, eis que a economia de recursos investidos a curto, médio e longo prazos no setor da saúde, advinda dos efeitos benéficos de seis meses de cuidados maternos garantidos à criança, supera largamente o valor da renúncia fiscal proposta. Sem falar na economia de custo resultante da redução da violência humana que se espera a médio prazo. Além disso, há que corrigir incoerência flagrante nas políticas públicas. O Ministério da Saúde defende, com louvável veemência, a amamentação exclusiva durante os seis primeiros meses de vida da criança. No entanto, a mãe conta apenas com quatro meses de licença-maternidade para poder fazê-lo plenamente. Esse desencontro é perverso para a mãe e nocivo para a criança. A creche pode ser alternativa para o aleitamento materno, mas não o é para a construção do vínculo afetivo mãe-filho.

Enquanto o projeto de lei tramita no Senado para ampliar a duração de licença-maternidade na empresa privada, 61 municípios antecipam-se para assegurar esse direito às servidoras públicas municipais. No Ceará, dezenove municípios já o fizeram. As capitais Vitória, Fortaleza, São Luiz, Natal e Porto Velho também implantaram a medida. Os Estados do Amapá, Rondônia e Paraíba já aprovaram a lei e estendem o benefício a suas servidoras.

Em meio a tantas misérias morais que nos corroem as entranhas, há, felizmente, indícios animadores de que nem tudo está perdido. A sociedade brasileira desperta para suas verdadeiras prioridades e começa a investir nas novas gerações. Por meio de medidas que ensejem o vínculo afetivo saudável, estabelecido na idade adequada como direito fundamental do ser humano, o País faz a melhor opção sugerida pela ciência e pela natureza. O caminho é longo, mas iluminado.

CAPÍTULO V

DO ECONÔMICO AO SOCIAL

"E A MULHER DE PEDRO TÁ ESPERANDO
UM FILHO PRA ESPERAR TAMBÉM."

Chico Buarque de Hollanda

Inflação de Indicadores

A época em que vivemos ficará conhecida como a era dos indicadores. É impressionante a profusão de informes indexados que desfilam diariamente aos olhos dos telespectadores ou dos ávidos leitores de jornais. Revelam tendências econômicas, humores do mercado, oscilações das bolsas, variação inflacionária, superávits, taxas de desemprego e cotações do dólar. Outras vezes projetam o crescimento do PIB, acompanham o risco Brasil ou são analisados por economistas, ouvidos como infalíveis oráculos do mundo financeiro. Sem falar dos índices Nasdaq, Dow Jones, e dos C-Bonds, nomes estranhos cuja pronúncia correta já é de domínio até dos simples mortais, completamente aculturados pela globalização.

As informações diárias são tão diferenciadas que permitem, ao cidadão, saber se neva em Toronto ou faz calor em Hong Kong, duas cidades muito distantes do caminho que vai de sua modesta casa ao local de trabalho onde ainda mantém o emprego. Contudo, conhecer a previsão do tempo nos mais longínquos pontos do planeta contribui para a sensação de participar da modernidade secretada pelas máquinas que produzem o realismo virtual dos nossos dias. Até no futebol, paixão de brasileiros ricos ou pobres, há os indicadores disponíveis para aficionados, nos intervalos das partidas. São percentuais de passes errados, falhas em cobranças com bola parada, tempo de posse de bola e outras inutilidades que tais.

Tudo isso faz parte das características da civilização ocidental, cuja concepção, profundamente dominada pelo economicismo, transforma energia em matéria, sonhos em mercadorias, valores em preços, idéias em números, utopias em cifras, emoções em percentuais, sabedorias em médias, previsões em estatísticas e tragédias em número de mortos. É o mundo das pessoas grandes, tão bem descrito por Saint-Exupéry que, com a sensibilidade genial do Pequeno Príncipe, declara: "se lhes dou esses detalhes sobre o asteróide B 612, e lhes confio seu número, é por causa das pessoas grandes. As pessoas grandes adoram os números."

Os indicadores divulgados aos brasileiros aproveitam a pouca gente. Nada significam para a maioria do público alcançado pelos noticiários da televisão, cujas imagens penetram-lhe os lares humildes, os casebres e barracos que compõem o cartão-postal das periferias da sociedade. Nelas, sobrevivem criaturas que não comem números, nem se alimentam de índices econômicos. Nelas, resistem multidões que nunca desfrutam de superávits, nem sabem onde fica Frankfurt ou Los Angeles. Nelas, amontoam-se seres humanos que sofrem o inferno da pobreza e não o inverno de Quebec. Nelas, morrem crianças e adolescentes para os quais o indicador da fome nunca foi zero. Nelas, estão os milhões de brasileiros que jamais são denominadores da fração ordinária que representa a divisão da riqueza nacional pelos habitantes do País.

Tamanho emaranhado de índices econômicos configura a hipertrofia de atividades-meio em detrimento de atividades-fim. É a economia a serviço de si mesma como medida de todas as coisas. Desaparecem os investimentos sociais, razão de ser do Estado, dos governos, dos poderes públicos. Reféns da lógica do mercado, os governantes perdem substância ética porquanto voltam as costas para a promoção humana, relegando a imensa maioria da população à própria sorte. Surgem os magnatas do jogo financeiro e constrói-se, por esse mecanismo, a plutocracia neoliberal que insistem em chamar de democracia representativa.

Os indicadores do verdadeiro desenvolvimento do País não são os econômicos. São os sociais. Por isso, a triste realidade em que vive o brasileiro só começará a mudar quando houver melhora de índices tais como: consumo calórico diário *per capita*, consumo individual de proteínas de boa qualidade, número de moradores por metro quadrado de moradia, número de livros lidos por indivíduo e por mês, cobertura vacinal, número de passageiros por metro quadrado de veículo para transporte coletivo, número de alunos por metro quadrado de sala de aula, consumo de água potável por indivíduo, número de leitores de jornais diários, entre muitos outros de natureza similar. As atividades econômicas válidas para o País são as que se destinam a promover a evolução desses indicadores sociais. As outras não merecem prosperar. A menos que os direitos do povo continuem sendo tratados como assunto para o futuro que só a Deus pertence.

A Velha Greve e os Novos Bancários

Poucas atividades mudaram tanto com os avanços da informática como a dos bancários. Nenhuma se popularizou mais. Hoje em dia, quase todos somos um pouco bancários. Modernos, é claro. Trabalhamos de graça, em casa, solitários, no silêncio da noite, na calada da madrugada ou, ainda, operando as máquinas que substituem as agências.

Na verdade, os correntistas de hoje realizam quase todas as operações. Verificam saldo, retiram extratos, transferem dinheiro para outras contas, aplicam, poupam, efetuam pagamentos, programam investimentos, imprimem recibos, fazem seguros e financiamentos diversos. Os talões de cheques são confeccionados pessoalmente nas máquinas que aprendem a operar em muitos pontos da cidade, nas quais também fazem depósitos e efetuam saques.

Difícil imaginar um bancário tão completo, polivalente, dedicado e atento aos procedimentos que executa. Mais difícil ainda é encontrar algum que receba salário menor pelas múltiplas atribuições que executa. Na verdade, o bancário que passamos a ser não recebe salário algum. Ao contrário, paga, e não pouco, pelo muito que faz pelo banco.

De fato, a mais moderna agência bancária da atualidade funciona dentro de casa, no nosso computador. É o *home/office banking*, ou agência caseira, na linguagem popular. Dá-se aí nossa atividade gratuita de bancários, denominada eufemisticamente auto-atendimento. O computador que instalamos em nosso escritório nada custou ao banqueiro, que não paga tampouco o aluguel do local onde fica instalado. Tudo foi comprado com recursos próprios. As taxas de utilização da Internet, cada vez mais caras, também saem do nosso bolso. O tempo que consumimos diariamente para o desempenho dessas novas tarefas – antes destinado ao nosso repouso – é doado aos bancos. Para completar, ainda pagamos, e muito, pelos chamados serviços bancários que, em sua maioria, deixaram de existir porque nós mesmos passamos a fazê-los.

Vantagem maior para os banqueiros é impossível conceber. Somos passivos no trabalho. Cuidadosos. Nada exigimos. Não pressionamos. Nada reivindicamos. Não paralisamos nossas atividades. Nunca fazemos greve, que se tornou estratégia superada, sem qualquer poder de pressão, uma mania dos antigos bancários, categoria em extinção.

Não por acaso, as tradicionais agências bancárias entraram em processo de desaparecimento. São coisa superada. Ao desaparecerem, levam junto os bancários do passado, os empregados assalariados e sindicalizados que eram um estorvo para os planos do banqueiro. Aqueles que ficavam atrás dos balcões, nos caixas, operando as máquinas obsoletas que ajudamos a se tornarem inúteis.

Segundo dados da Confederação Nacional dos Bancários, 28% dos postos de trabalho dos bancos desapareceram no período de 1994 a 1999. Nesse mesmo período, o número de usuários do *home/office banking* cresceu de 107.600 para 5.920.000, informa a Federação Brasileira dos Bancos, a poderosa Febraban. Ainda conforme essas mesmas fontes, mais de 70% das transações do Banco do Brasil e Banco Itaú são feitas via auto-atendimento.

Os resultados de tamanha mudança não tardaram a aparecer. Os lucros dos banqueiros nunca foram tão altos, nem a população de velhos bancários desempregados tão numerosa.

Diante das características de auto-atendimento assumidas pela atividade bancária, tornou-se indevida a cobrança de serviços pelos bancos. Além de injustificável, tangencia a ilegalidade posto que já quase não prestam serviços aos correntistas que são, de fato, embora não de direito, os novos bancários. Já não mantêm a rede de agências anteriormente existentes. O quadro de funcionários reduziu-se a uma espécie de categoria de derradeiros moicanos, encarregados apenas de orientar os usuários a utilizarem as máquinas fascinantes que os converterão em bancários voluntários.

Como se vê, a tecnologia moderna nem sempre vem em pleno favor da população. A automação dos bancos é um excelente negócio para os banqueiros. Para os velhos bancários, a certeza do desemprego. Para o cidadão, mais uma atividade que lhe custa dinheiro e trabalho não remunerado. Aliás, como tantas outras que lhe pesam sobre os ombros cada vez mais usados para darem suporte ao chamado desenvolvimento auto-sustentável da economia globalizada.

Com Quantos Buracos Se Faz Uma Rodovia

Quem viaja pelas estradas brasileiras percebe que o buraco do país é mais em baixo. Está nas rodovias. São crateras imensas que nos fazem sentir como se estivéssemos na superfície da Lua, mas a bordo de veículos construídos para deslocamentos sobre a superfície da Terra. Parece aventura surrealista ou enduro no asfalto.

Os motoristas contornam, desviam, usam a contramão ou o acostamento. Um vôo cego, sem aparelhos nem sinalização mínima que demarque o início e o fim da pista. Como os buracos são tantos, é impossível desvencilhar-se de todos. Acabam caindo. Quebram o carro, quando não a cara. Essa é a rota real do País, que ainda não viu benefício nos superávits recordes que o governo comemora com pompa e circunstância. Mas, como o brasileiro é paciente, aguarda o dia em que possa sair do buraco, ou não cair mais nele. Pelo menos, no das rodovias.

Um dos bons indicadores do desenvolvimento de qualquer país que tenha feito opção pelo transporte rodoviário é a qualidade de suas estradas. São os leitos por onde flui a correnteza do desenvolvimento econômico e social. São as vias de acesso, para a maioria da população, aos bens de consumo e avanços tecnológicos de que dependem o conforto material e o bem-estar dos cidadãos. São as artérias da economia que suprem necessidades básicas das regiões mais longínquas do País.

Pelas estradas, circula a maior parte da riqueza nacional. Inclusive a de que mais nos orgulhamos: os próprios brasileiros. Segundo a Confederação Nacional dos Transportes, 63,7% da carga e 96,7% dos passageiros são transportados pelas rodovias. Dos 74.681 quilômetros de estradas que a CNT avaliou, 74,7% foram considerados deficientes, ruins ou péssimos. Embora avancemos na macroeconomia, tropeçamos nos grandes buracos das rodovias. Os impostos arrecadados para manter as estradas têm efeito contrário ao esperado. Quanto mais aumentam, mais crescem e se disseminam os buracos. Os veículos sacolejam ao ritmo das irregularidades das pistas. Derrapam em curvas não sinalizadas. Entortam a carroceria. Empenam a suspensão. Rasgam os pneus. Envolvem-se em colisões provocadas pela falta de qualidade da malha viária do País. Muitos passageiros morrem.

Os proprietários de automóveis pagam o IPVA sem contestar. Nunca cobram reciprocidade do poder público sob forma de investimento nas estradas. Desconhecem seus direitos. Por isso, ninguém é responsável pelo estado deplorável das rodovias. Os governantes atribuem os buracos à ação da chuva e à carga dos caminhões que deformam e desgastam o asfalto. Mas, seria a chuva brasileira mais danosa que a da Bélgica, país onde chove e neva durante quase o ano inteiro e cujas rodovias são impecáveis, iluminadas, sem buracos? Seriam os nossos caminhões mais pesados que os dos americanos, que carregam toneladas de máquinas sem ferirem a cinta lisa de asfalto sobre a qual rodam diariamente?

Há outras razões, por certo mais convincentes, para explicar tamanha decadência. Nossas estradas são o resultado de grossas camadas de descaso que se superpõem ao longo de todos os governos, cujos ocupantes viajam sempre a bordo de aviões de carreira, de jatinhos de amigos ou de aeronaves oficiais. Nada vêem. Se viajassem pelas rodovias, como o povo, teriam a dimensão da necessidade de mantê-las à altura do que significam para a população do País.

Paradoxalmente, quanto mais se deterioram as estradas, maior é o número de veículos produzidos pela indústria automobilística e vendidos aos brasileiros. São máquinas modernas, luxuosas, caras e cada vez mais velozes. Falta-lhes, contudo, a principal condição para a performance de que são capazes, ou seja, vias de circulação apropriadas. Ao comprar um carro, o cidadão adquire uma ilusão de alto custo. Nossos automóveis deixaram de ser carroças, como os qualificou o ex-presidente Collor, mas estão condenados a se deslocar com a velocidade de carroças.

A ética e o interesse coletivo recomendam que se suspenda a venda de carros até que governo e montadoras somem empenho e recursos para a recuperação da nossa malha viária. Não basta tapar buracos. A contrapartida das montadoras para os incentivos que recebem, ao se instalarem no Brasil, deveria ser a manutenção de nossas estradas, requisito essencial para o uso da mercadoria que vendem. Se providências assim não forem tomadas, em breve estaremos medindo as distâncias em número de buracos, a velocidade em buracos por hora e mostrando ao mundo com quantos buracos se faz uma rodovia.

Mais Urbanismo e Menos Automóvel

A degradação da vida nas cidades é um dos maiores desafios desse início de milênio. Depois de exercerem fascínio sobre as populações rurais do século passado, os centros urbanos começam a dar sinal de esgotamento de modelo. O conforto das casas, a animação dos bairros, a rapidez dos transportes coletivos e a segurança dos espaços públicos – que atraíram tantos habitantes do campo – só existem nas fotografias do passado glorioso das cidades. Hoje, a vida citadina é o endereço do pesadelo.

A tranqüilidade viu-se substituída pela agitação neurótica dos habitantes. O cavalheirismo dos transeuntes foi vencido pela grosseria incontida de motoristas apressados. Os jardins românticos converteram-se em estacionamentos que mais parecem pátios de montadoras em tempo de greve de metalúrgicos. A segurança desapareceu tragada pela violência difusa. A tradição capitulou diante do vandalismo dos iconoclastas da urbe moderna. O paralelepípedo histórico deixou-se cobrir pela tirania do asfalto incandescente. O ar puro sumiu na fumaça dos escapamentos.

As calçadas perderam a função social de locais de encontro. Não passam de pistas por onde circula o estresse encarnado dos autômatos do cotidiano. Ruas, praças e avenidas estão congestionadas. Os automóveis roubaram a cena, devoraram o espaço urbano, poluíram o meio ambiente. O número de veículos que povoam as cidades aumenta vertiginosamente, ocupando espaços que antes eram das pessoas. Só no ano 2003, no Distrito Federal, foram licenciados 36.000 novos veículos. A violência do automóvel vai-se tornando insuportável para os habitantes, na mesma medida em que os governos se rendem aos argumentos de natureza econômica, com os quais as montadoras defendem o interesse de lucro incondicional.

O resultado é extremamente prejudicial ao futuro das cidades. Não há planejamento urbano capaz de acomodar a quantidade impressionante de automóveis que entram em circulação diariamente no País. Uma equação impossível de ser resolvida na lógica que preside a evolução desse disparate. O espaço urbano é limitado, enquanto a produção de novos veículos é ilimitada. O colapso é previsível e não está distante.

Os governantes aceitam, como postulado, que a fabricação de automóveis deve ser cada vez maior porque gera empregos diretos e indiretos. Omitem, no entanto, que o preço pago pelas cidades já chegou ao ponto onde começa a se pulverizar o direito do cidadão. Destrói-se a qualidade de vida para garantir uma atividade econômica que cria postos de trabalho, mas alimenta a riqueza de uma casta empresarial nada preocupada com os estragos produzidos no meio ambiente dos centros urbanos e do planeta. Sem falar nos custos astronômicos de construção e manutenção de obras viárias feitas pelo Estado, unicamente para dar vazão ao fluxo alucinante de veículos. É o dinheiro público gasto para assegurar a circulação de um produto cuja venda enriquece o setor privado.

O Estado já se retirou de atividades que não eram compatíveis com suas atribuições. É hora de se retirar também do campo de interesses do transporte individual para agir apenas em benefício da sociedade. Que a indústria automobilística construa e mantenha as obras viárias se quiser continuar vendendo sua produção no País.

Chegou o momento de desacelerar a fabricação de automóveis e acelerar os investimentos em transporte coletivo, respeitadas as exigências de quantidade e qualidade indispensáveis à mudança da cultura do transporte individual. A cidade de Brasília é um triste exemplo da ação devastadora do automóvel. O plano viário da nova capital, síntese da racionalidade de um tráfego de veículos que se estimava limitado, já foi amplamente ultrapassado. As vias tornaram-se estreitas, os estacionamentos insuficientes, os transportes de massa precários, caros e inadequados. Uma frota que se agiganta a passos largos derruba calçadas, muda destinação de áreas urbanas, invade logradouros públicos, atropela pedestres, apropria-se de jardins, destrói o verde que já foi exuberante. Inimaginável uma violência maior contra a capital da República.

Algumas cidades do mundo desenvolvido começaram a adotar medidas destinadas a restringir o uso do automóvel no espaço urbano. Londres e Paris estão na vanguarda. Brasília, que já foi modelo de planejamento coerente, deveria fazer o mesmo e dar exemplo para o País. É a opção pela modernidade, pela preservação do projeto da nova capital e pela defesa dos direitos do cidadão. Não é fácil. Nem é simples. Mas, é inadiável.

Sua Excelência, o Sistema

O personagem mais poderoso da empresa e das instituições modernas não é o gerente. É o Sistema. Entidade etérea e onipresente, nascida no berço da tecnologia da informática, essa nova figura abstrata passou a controlar, progressivamente, a maioria das relações humanas da sociedade pós-industrial. É a autoridade mais reverenciada de todos os tempos. Não há quem não conviva forçosamente com sua existência soberana, suas tiranias diárias. Mas, ninguém sabe onde mora, como pensa, a quem serve. Nunca se ouviu sua voz, de resto desnecessária porque não falta quem fale em seu nome. Seu rosto é pura ficção. Seu cérebro é eletrônico. Sua inteligência, virtual. Os olhos difusos do Sistema têm visão de longo alcance, nada escapa ao seu campo visual. Controlam tudo.

O homem do novo milênio é escravo do Sistema. Trabalha, sem o saber, para esse executivo virtual cujo semblante nem é possível imaginar. Assimila passivamente, posto que não a percebe, a sutil dominação em que se enreda nas atividades cotidianas, nas quais obedece irremediavelmente às exigências do Sistema. Respeita as preferências desse estranho senhor, seus humores, a majestática imponência de seus interesses. De tanto ouvir o idioma do Sistema, incorpora, como natural, a lógica que o preside. É o escravo ideal, porquanto não chega a sentir-se explorado. Está preso nas malhas do Sistema, mas não o percebe. Trabalha para um ente que não tem cara própria, tem todas as caras. Não tem segredo, conhece o segredo de todos.

O Sistema está presente em todos os lugares, em qualquer serviço prestado ao cidadão pelas incontáveis empresas que formam o meio ambiente da vida nas cidades. Quando a qualidade do atendimento é reclamada pelo usuário, a falha é do Sistema, nunca da empresa. Por isso, tem de ser aceita sem discussão. Se há violências cometidas contra o usuário, o responsável é o Sistema, programado para agir dessa maneira. Se há perdas, o Sistema analisará a possibilidade de repará-las. Se há danos, o Sistema cuidará de compensá-los. Mas, quando a situação mostra-se difícil, o Sistema não hesita, sai do ar, solenemente, deixando-nos a esperá-lo durante horas a fio, por tempo imprevisível. Afinal, o tempo dos outros não é problema seu. Só volta ao ar quando quer. Sem anunciar.

A decisão do Sistema não é passível de contestação. Por isso, sem qualquer cerimônia, o Sistema retira-se de cena sem deixar substitutos. É senhor absoluto da situação porque os que poderiam executar manualmente os serviços que presta estão praticamente extintos, pertencem a um passado já bem remoto em que as responsabilidades não eram anônimas, nem diluídas como as de hoje. Uma época em que o conceito de bem servir não era informatizado, quando o "Servidor" não era um simples recurso no vocabulário da Internet, mas tinha carne, osso e vocação para atender com todo respeito.

O Sistema tem a segurança dos que se sentem insubstituíveis. A indiferença dos que não precisam do cidadão. A frieza dos que cometem irregularidades premeditadas como rotina de uma automação enfadonha, com a empáfia eletrônica da era virtual. Se mudanças lhe são exigidas em defesa do bem comum, se aperfeiçoamentos lhe são requeridos no interesse do usuário, a resposta é sempre a mesma: "O Sistema não suporta". Afinal, essa criatura não veio ao mundo para ajudar ninguém. Não nasceu para compromissos com causas sociais sepultadas pela modernidade. Veio para facilitar a dominação dos que nunca deixaram de dominar. Só que agora, de maneira imperceptível, sutil, sem desgaste, sem confrontos.

O Sistema é a nova face do dominador, sem identidade, sem referência. É amorfo, insensível, aético, amoral, impessoal. Age sem a mínima flexibilidade. Tem compromisso apenas com a programação da rede em que se alimenta, ainda que incoerente, ilógica, intempestiva, lesiva de direitos fundamentais, ou fraudadora de princípios consagrados.

As falcatruas do Sistema são impunes, porquanto é intocável. Não é possível falar com ele. Muito menos processá-lo. Tem foro privilegiado, como as autoridades que vivem da precisão eletrônica desse novo leão-de-chácara, tão violento quanto difuso.

Os cidadãos precisam se conscientizar da ameaça que resulta da expansão ilimitada do Sistema, antes que seja tarde demais. Antes que se acostumem definitivamente à perda de direitos e à irrevogável conversão dos seres humanos em autômatos a serviço da exploração que se oculta nas soluções virtuais do mundo moderno.

OMISSÃO DE SOCORRO

A obrigação legal de prestar socorro aos enfermos aplica-se ao médico. Deixar de fazê-lo é omissão passível de capitulação no Código Penal. Configura, ademais, falta ética, sujeitando o médico a sanções que vão da advertência verbal até à perda do diploma.

O rigor na caracterização de tão pesado dever profissional expressa a gravidade das conseqüências potenciais da negação do socorro médico às pessoas. Pode resultar em lesões irreversíveis e até em morte. Não se admite descaso em situação que reclama cuidados decisivos para a integridade e a vida do cidadão. O Código de Ética Médica é claro no preceito pertinente e preciso na cominação da pena cabível. A própria protelação do atendimento já é, *per se*, evidência de conduta omissa.

Não se discute a validade desse e de tantas outros deveres que cumulam de encargos o exercício da profissão médica. Ninguém, em sã consciência, concordaria em revogá-los. Muito menos em delegar ao médico a decisão de socorrer ou não a alguém. Tampouco se concebem atenuantes quando está em jogo o direito à vida do ser humano. Trata-se de determinação legal em cuja teoria não prospera a dúvida. Ao contrário, sobra unanimidade.

A definição doutrinária do direito à vida e das condições que sua garantia pressupõe nos tempos atuais, leva a sociedade a perceber que o socorro ao cidadão estende-se muito além do simples atendimento médico. Viver não é apenas sobreviver. Não basta reverter uma parada cardíaca e deixar o indivíduo em existência vegetativa. Até aí o socorro médico pode chegar. Mas, a vida é muito mais do que isso. Não depende somente da assistência médica. Exige proteção social, segurança, educação, afeto, nutrição saudável, igualdade de oportunidades, acesso às conquistas científicas que concorram para o bem-estar da pessoa, meio ambiente equilibrado e acolhedor, moradia digna, entre outras necessidades. Tais requerimentos são hoje definidos no terreno dos direitos fundamentais. Todo cidadão é sujeito desses direitos. Até o embrião humano inscreve-se nessa categoria, segundo convenções internacionais firmadas no campo da bioética.

Não há como isentar o Estado da nova obrigação de socorrer o cidadão com o conjunto de direitos de que passou a depender a plenitude da sua vida em sociedade. Os poderes constituídos têm responsabilidade indeclinável nesse mister. Executivo, Legislativo e Judiciário assemelham-se à medicina. Estão obrigados a socorrer a todos os indivíduos, indistintamente. Não podem ter a prerrogativa de assistir a uns e relegar os outros ao abandono. Não podem mais se omitir impunemente como sempre o fizeram.

A sociedade desperta para seus direitos. Já não os considera dádiva divina nem generosidade de governantes. Sabe que são deveres de quem dirige o País. De quem elabora e aprova leis. De quem as faz aplicar e julga quem as descumpre.

O Poder Executivo comete grave omissão de socorro quando é indiferente à degradação dos cuidados à saúde da infância e da adolescência; quando avilta o magistério e contribui para desqualificá-lo em todos os níveis da educação; quando condena à decadência a rede pública de saúde; quando fecha os olhos ao trabalho escravo, à prostituição infantil, à vida perdida na periferia das cidades. O Poder Legislativo, por seu turno, incorre em omissão de socorro quando se entrega a conchavos vergonhosos; quando protela decisões relevantes para a vida das pessoas; quando se fecha nos limites mesquinhos do corporativismo para proteger a má prática no exercício do mandato; quando recorre ao infame expediente do esvaziamento das sessões parlamentares para impedir aprovação de matérias que asseguram o direito à vida. O Poder Judiciário mergulha, da mesma forma, na mais imoral omissão de socorro quando não respeita prazos para julgar processos e os deixa mofando anos a fio; quando conspurca sua missão vendendo sentenças; quando nomeia apaniguados ou defende o nepotismo; quando cultiva a lentidão de suas práticas e retarda o acesso do cidadão aos direitos a que faz jus.

A omissão de socorro por parte do médico é inaceitável. Ninguém o nega. Contudo, os efeitos que produz, embora mais visíveis, não têm a mesma proporção das conseqüências arrasadoras resultantes de conduta omissa das autoridades dos poderes públicos. Nesse caso, as repercussões atingem, de uma só vez, o direito à vida de milhões de pessoas. Não se pode alegar atenuantes. Há que aplicar-lhes as mesmas penas previstas para o médico. Da advertência verbal à perda do mandato e outras cominações.

CAPÍTULO VI

DA EDUCAÇÃO PLENA À CIDADANIA

"Na sua meninice ele me disse
que chegava lá, olha aí!"

Chico Buarque de Hollanda

Do Fundeb à Educação Plena

Nunca é demais chover no molhado. Insistir no óbvio. É a única estratégia para manter um assunto relevante na agenda social do País. A sociedade tem memória dispersiva. Suas prioridades são cambiantes. Antigos anseios desaparecem nessa espécie de metamorfose do pensamento coletivo. Falta constância no objetivo. Falece a coerência na ação. Postergam-se, por esse mecanismo, as mudanças. O País movimenta-se sem sair do lugar. Em círculo. Ensaia vôo, mas não decola. Faz barulho, mas não avança. Não rompe com a mentalidade colonizada que se transmite de uma geração a outra.

O tempo passa com velocidade regular. Não pára. É indiferente à movimentação social. Não faz a história. Mas, é a referência maior para se fazer história. Por isso, há escolhas que urgem, investimentos inadiáveis que, embora aparentemente esquecidos, subjazem latentes na consciência da maioria. Quando surgem estímulos externos, emergem e explicitam-se. Tal como espasmos de lucidez que se propagam. A sociedade ilumina-se, retoma rumo, vislumbra crença. Se a energia assim difundida se sustenta, as conquistas são viáveis. Porém, se acenos diversionistas insinuam-se no momento dessa eclosão, o ímpeto abranda-se, o ânimo arrefece, a oportunidade é perdida.

O início da aprovação do Fundeb (Fundo de Manutenção e Desenvolvimento da Educação Básica) traz à tona antiga aspiração. Retoma sonho que embalou muitas gerações. Lança o alicerce da educação plena no País. Abre perspectiva para convergência de esforços, aglutinação de competências e união de vontades a vislumbrarem a revolução que o País ainda não fez, a da educação. O Fundo tem imenso potencial transformador.

A educação já mostrou, em muitos países, relevância que dispensa comentários. Não a educação entendida na ótica do reducionismo quantitativo da simples escolarização. Mas, a do direito inalienável do nascituro às condições que lhe assegurem realização plena de seu potencial e de suas originalidades. A educação que proporcione qualidade de estímulos, compreensão de diferenças, proteção contra riscos que ameaçam o ser humano em fase de crescimento e desenvolvimento. Daí a interface ampla com a saúde, máxime com os cuidados prestados à infância e à adolescência.

A educação plena começa na vida intra-uterina. O feto interage com o mundo externo por meio de estruturas sensoriais que se diferenciam ao longo da gestação. Toda mãe sabe disso por experiência própria. O acolhimento e o afeto preparam o novo ser para o processo educativo que deverá ampará-lo como dever de todos os cidadãos, não apenas do Estado. Nesse contexto, a licença-maternidade de seis meses afirma o conceito de proteção social que deve assistir a criança no período essencial à criação do vínculo afetivo com a mãe, o pai e a família, primeiro grupo social. É o instante em que a criatura sente-se pertencida, identifica-se no ambiente, recebe estímulos indispensáveis à complexa formação do cérebro, pré-requisito para o êxito do processo de aprendizagem. Seguem-se as fases da creche e da pré-escola, instâncias educativas de alcance ainda mal explorado, período em que se articulam sinapses qualitativas entre as células do cérebro, das quais depende o desenvolvimento mental da criança. Chega, então, o momento do ensino fundamental, cuja integralidade pressupõe a perfeição de toda essa fascinante travessia.

Em cada etapa do crescimento e do desenvolvimento da criança, a educação requer não apenas área física adequada. Não apenas vagas ilimitadas para matrículas. Exige principalmente a atuação insubstituível de professores preparados, conscientes de sua nobre missão social, remunerados pelo mérito de sua atividade, respeitados pelo que representam para a evolução do País. A educação plena supõe ensino em tempo integral e diversidade de ações educativas que motivem as crianças e as sintonizem com o instrumental do mundo moderno. A escola merece instalações adequadas, limpas, bonitas, atraentes. Deve ser um lugar de que se orgulhem os alunos. Não se pode mais aceitar uma escola para ricos e outra para pobres. A qualidade tem de ser igual. O direito é o mesmo.

A revolução educacional demanda muito recurso. Mas é investimento com retorno incomparável. Se o equilíbrio da economia não servir para essa finalidade, carecerá de substância. O Fundeb é passo importante na caminhada. Mas, é só um passo. Sem a mobilização permanente da sociedade não garantirá a educação plena que dele se espera. Será mais um Fundo entre tantos outros. Inócuo. Vazio.

Ensino Público em Tempo Integral

A legislação brasileira é cemitério de letras mortas. Poucas são as leis que se fazem cumprir no País. A maioria morre antes de existir de fato. São natimortas. Ficam apenas como exemplo de boas intenções aprovadas pelos legisladores. O resto é pura retórica. O País não conhece o valor do direito, rege-se pela lógica do privilégio. Não admite o princípio da igualdade dos cidadãos, cultiva o assistencialismo caritativo. Não projeta a inclusão social transformadora, aceita-a como dádiva da elite.

Todos os brasileiros medianamente instruídos convergem na opinião de que a única alternativa para o desenvolvimento do País é a educação. Não há polêmica sobre o assunto. Há unanimidade que não se observa em outros temas sociais. O consenso é tamanho que destoa frontalmente da realidade de descaso em que flutua, sem rumo, o ensino público no País. A começar pelo magistério, atividade nunca dantes tão desvalorizada. Os professores persistem na profissão por ensandecida teimosia ou absoluta falta de opção. Perderam-se na rota do abandono, proletarizaram-se no exercício de uma missão cuja nobreza não tem o reconhecimento devido. A remuneração vil atesta o desprezo que recebem da sociedade. Os templos sagrados do ensino, antes chamados de escolas, foram violados pela indiferença dos dirigentes, destruídos pela ação do tempo, tornados insalubres pela falta crônica de investimentos. O material didático é precário. A escola pública converteu-se em reduto de carências, monótono, sem vida, sem atrativos para a infância e para a adolescência. Os alunos sentem-se melhor na rua. Só o artifício da bolsa-escola é capaz de forçá-los ao martírio de freqüentá-la.

Apesar desse quadro deprimente, que não parece incomodar ninguém, a sociedade continua a proclamar que, sem educação de qualidade, a violência perpetua-se, a prostituição infantil não regride, os pivetes não se recuperam, o tráfico de drogas expande-se. Em outras palavras, a educação é entendida como instrumento de erradicação dos efeitos nefastos do modelo econômico que domina o planeta. Não é vislumbrada com a grandeza de um direito fundamental de crianças e adolescentes. É percebida apenas como espécie de remédio para todos os males desse grupo etário. Uma estratégia para tirar os meninos da rua. Na perspectiva dessa concepção equivocada, as escolas públicas cumprem papel comparável ao de reformatórios destinados a evitar o surgimento dos temidos e jovens marginais. Não surpreende a desimportância que se lhes dá. É coerente com o que se espera delas.

A Lei de Diretrizes e Bases da educação é primorosa na doutrina e impecável nos preceitos que consignou para o ensino fundamental público. Conceitua a educação como categoria de direito a ser assegurada à infância e à adolescência do nosso país. Não reinventa a roda, nem descobre a pólvora. Reafirma o que se aprimorou nos países onde a educação figura entre os direitos do cidadão. É a lei que faltava. Completa e minuciosa como tantas outras que nosso parlamento sabe produzir. Condenada, no entanto, ao mesmo esquecimento que poderá sepultá-la para que não transforme em direito de todos aquilo que sempre foi privilégio de poucos.

O ensino público de qualidade e em tempo integral é medida inadiável. É a única saída para uma sociedade refém da elite ainda nostálgica da escravidão. Tem de ser adotado não como redenção para os pobres, mas como direito inalienável de crianças e adolescentes brasileiros. Não para diminuir o número de marginais e trombadinhas na praça, mas para fazer justiça num país injusto e discriminatório.

Se o governo se omite, cabe à sociedade agir. A escola pública deve funcionar em tempo integral para todas as crianças. É prioridade absoluta. Falta de recursos financeiros não pode mais ser argumento para postergar sua implantação. Até porque a economia acumula superávit suficiente para começar a pagar a grande dívida social do País. A Sociedade Brasileira de Pediatria e a Ordem dos Advogados do Brasil, entidades parceiras, trabalham proposta de projeto que estabelece prazos e mecanismos para fazer valer esse direito que já é lei. O documento será levado ao Congresso Nacional. Não dá mais para esperar. O ensino pleno está sendo negado à infância e à adolescência pobres do País. Os ricos e a classe média já educam seus filhos em tempo integral. O direito tem de ser para todos. É hora de passar do discurso à ação. De cumprir a lei antes que se torne mais uma letra morta enterrada no cemitério da legislação brasileira.

A Importância da Leitura

Poucos brasileiros entendem o que lêem. Não passam de 25%, segundo pesquisa recente do Ibope. Vale dizer que a maioria da população mantém-se nos limites de uma deficiência instrumental que torna sombrio o prognóstico quanto ao futuro da nação.

A leitura é um dos últimos recantos da liberdade intelectual. Quem lê cria tanto ou mais que o autor. Com a imaginação solta, o leitor elabora mentalmente os cenários, compõe o perfil dos personagens, interpreta diálogos, identifica afinidades pessoais e vive, a seu modo, o prazer e a infinitude das emoções potencialmente contidas no texto. Quem lê não recebe imagens prontas, coloridas, acabadas. Tem de construí-las pelo processo do entendimento e interpretação. Suas emoções não são pautadas pelas vinhetas da mídia eletrônica que padronizam as emoções do telespectador — sempre passivo —, para modelar a opinião pública que interessa aos produtores. O leitor nunca é passivo. Exercita, o tempo todo, os mecanismos psicodinâmicos que fundamentam, estruturam e aperfeiçoam a consciência. Por isso, desenvolve a criatividade, refina a percepção, aprimora o senso crítico e fica imune às manipulações que a comunicação pela imagem veicula como ingredientes de dominação.

A leitura é problematizadora, induz a reflexão, suscita hipóteses, faz pensar. Já a comunicação pela imagem, ao ser utilizada como ferramenta de controle da opinião pública, é a negação do pensamento. Não passa de show visual cheio de efeitos especiais que despertam a sensação do fantástico, do extraordinário, do instantâneo e promovem a preguiça mental do expectador por meio do deslumbramento programado. E o deslumbrado não pensa, admira. Não critica, assimila. Não forma sua opinião, repete a que recebe. Não reage, absorve. Não cria, consome. Não resiste, deixa-se aculturar. Não se afirma, submete-se.

Não por acaso, as sociedades menos desenvolvidas e mais dominadas são justamente as que menos lêem. São aquelas que admitem o analfabetismo com naturalidade, se é que suas elites não o perpetuam deliberadamente. Aliás, um dos indicadores de desenvolvimento usados na atualidade é o número de televisores difundidos pelo País. Não é o número de livros publicados ou lidos pelo cidadão. Os grupos dominantes sabem muito bem que a palavra escrita é incontrolável e portanto libertadora, enquanto a imagem pode ser cientificamente "editada" para inibir a liberdade de pensamento. Nesse sentido, a palavra pertence à sintaxe da revolução, enquanto a imagem é a fonte da ilusão conservadora.

A Santa Inquisição não queimava apenas as "bruxas" e os hereges. Incinerava montanhas de livros em praça pública para que não fossem lidos. Da mesma forma, em nosso país, agentes dos governos militares invadiam casas de "subversivos", apreendiam e destruíam livros cujos títulos e autores integravam a lista dos proscritos do regime. Os jornais escritos foram duramente censurados, quando não empastelados. Ao invés de criarem escolas para alfabetização e estímulo à leitura, optaram pela rede de televisão concebida como monopólio destinado a subjugar o povo, impondo-lhe novos padrões de consumo e dependência externa.

Nos primeiros momentos, houve necessidade de recurso às tropas para sufocar a resistência das gerações ainda formadas pela leitura. Mas, com o passar dos anos, a estratégia de controle pela mídia eletrônica produziu os resultados projetados. As gerações educadas pelos shows domingueiros e pela Xuxa de todas as manhãs foram se distanciando do hábito de ler e se desinteressando da palavra, do pensamento crítico, do vernáculo. A invasão cultural não tardou a nos americanizar, transformando-nos em consumidores da Disney, da violência enlatada, ou dos "Big-Macs" que já têm o sabor dos novos tempos.

A comunicação pela imagem eletrônica é a tropa de ocupação dos tempos modernos. Sua eficiência é indiscutível. O império mais violento da história da humanidade é mantido e ampliado por meio das imagens cuidadosamente montadas que nos chegam "via satélite". O último recanto da liberdade intelectual vai sendo assim tomado de assalto pela ditadura eletrônica.

O pensamento humano tornou-se prisioneiro de telas e cabos. Contudo, nos piores momentos de repressão, nunca se deixou de escrever e ler. Ainda que clandestinamente. E foi, quase sempre, na clandestinidade que se produziram os textos e leituras que transformaram a história do homem. O escritor e o leitor dos dias atuais não são espécies em extinção, mas militantes da resistência libertária. Vivem nas catacumbas do atual império, mantendo, com a palavra escrita e a leitura, a réstia de luz transformadora que emana do ato de pensar para iluminar os rumos do futuro.

Leitura e Cidadania

Na prova da Ordem dos Advogados, 8% dos candidatos lograram aprovação. Os demais capitularam por não entenderem o que lêem. Aliás, no Brasil, 76% das pessoas mal entendem o que lêem. Sinal de alerta para a educação num país de poucos leitores.

A leitura atesta a evolução da espécie humana e diferencia o homem histórico do antropóide que o precedeu na escala zoológica. A escrita é a grafia codificada que registra a elaboração intelectual e lhe dá expressão simbólica. Mas, só tem sentido se for decodificada pela leitura.

Quem lê um texto faz, ao mesmo tempo, a sua interpretação, empresta-lhe o conteúdo de sua subjetividade, a riqueza de sua percepção estética, o tempero de sua sensibilidade emocional.

A interpretação do que se lê reflete a qualidade da leitura. Essa aptidão diferencia as pessoas porque as desperta para a abstração, de onde brotam idéias originais, conceitos inovadores, visões proféticas, construções lógicas, formulações poéticas. Se a escrita concretiza a produção intelectual da humanidade, a leitura possibilita ao homem tomar conhecimento de si mesmo a partir do referencial do pensamento da espécie, acumulado em tudo o que se escreveu ao longo dos tempos.

Ler é ver dentro e fora do texto. É captar a extensão e a profundidade das idéias contidas no limite da expressão gráfica, projetando-as do texto para o contexto, operação mental que só o ser humano sabe fazer. Ler é também conversar em silêncio. Falar com o autor. Ouvi-lo. Admirar sua linguagem, seu raciocínio, relativizar seus argumentos, analisar seu discurso, deixar-se impregnar pelo lirismo que o arranjo das palavras compõe de forma sempre original. Ler é conhecer o mundo dos mortos, dialogar com os ancestrais, influenciar-se por suas idéias, suas teorias. Os autores nunca desaparecem do nosso convívio. Mesmo depois de mortos.

Da Educação Plena à Cidadania

O leitor tem o poder de ressuscitá-los, fazê-los presentes, discutir suas teses, analisar os personagens de sua obra.

As sociedades que vivificam os mortos – ainda que sem o perceberem – são justamente as que mais lêem as obras de autores pretéritos. Por isso mesmo, pela leitura, aprendem mais com os mortos do que com os vivos e detêm invejável patrimônio intelectual, maior riqueza estética e grande enraizamento dos valores culturais que lhes conferem identidade.

Um dos indicadores mais objetivos do grau de desenvolvimento humano, social e cultural de uma cidade é o número de livrarias que possui e de bibliotecas que mantém. O consumo de livros, comprados ou tomados em empréstimo, é sinal da difusão do hábito da leitura entre os habitantes. Por meio desse incomparável recurso de aprendizagem espontânea, os cidadãos leitores absorvem visões de mundo que ultrapassam largamente a fronteira da aldeia, adquirindo, sem se darem conta, a dimensão universal que a leitura propicia. As pessoas nunca são as mesmas depois de uma boa leitura. Tornam-se mais tolerantes com as divergências, menos senhoras da verdade, mais humanas nas suas ações.

A conquista da cidadania não pode prescindir da leitura. O culto do vernáculo, elemento de coesão da nacionalidade, é o principal caminho para a soberania de um povo. Os povos dominados assistem passivamente à degeneração do idioma pátrio. Assimilam, de maneira acrítica, a invasão de seu universo vocabular por expressões inteiras oriundas de paralelos que nada têm a ver com seus interesses. Por isso, a maioria dos brasileiros já não dá início, dá "*start*"; não anexa, "attacha"; não procura sítios, busca "*sites*"; não faz intervalo para café, interrompe para "*coffee-break*"; não anda no saguão do hotel, movimenta-se pelo "*lobby*"; não confere as passagens, faz "*check in*". De tanto ingerir vocábulos de outra cultura, termina desconhecendo a riqueza de sua língua materna e só admira as palavras alienígenas que se difundem à sua volta. E como não lê, é presa fácil da aculturação utilizada como estratégia de dominação. Afinal, "quem não lê, mal fala, mal ouve, mal vê".

Por falta de leitura, o Brasil vende a alma tropical, perde a natureza exuberante, desmancha a identidade nacional e dissolve a riqueza da cultura ameríndia que herdou. A conseqüência é grave e preocupante. Quando 92% dos candidatos ao exame da Ordem dos Advogados são reprovados por inépcia na interpretação dos textos, é preciso parar para pensar. O Brasil está cada vez menor e o Brazil cada vez maior. Como o analfabetismo funcional se alastra, já desconhecemos a importância de diferenciar o "s" do "z". Em breve, o forró voltará a ser "*for all*".

MUITO ALUNO E POUCO PROFESSOR

A capital da República costuma começar o ano letivo com falta de professores no ensino básico da rede pública. Não faltam alunos. Ao contrário, o número de matrículas cresce anualmente gerando descompasso perigoso para a formação das novas gerações. O drama não se limita a Brasília. Reflete a lógica de governos que se alternam no poder de costas para as prioridades do País real, cegos à evidência de que não se constrói a nação verdadeira sem garantia de acesso pleno à educação de qualidade e indiferentes ao que preceitua o texto constitucional, cuja leitura não parece fazer parte das preferências dos nossos governantes.

Nesse cenário de impasse em que se coloca o ensino público, a escola privada prolifera como atividade econômica atraente, tornando-se o sonho de consumo das famílias de classe média, preocupadas com o futuro de seus filhos. É a política do "salve-se quem puder". Quem conseguir pagar o preço dessa omissão governamental crônica, que o faça. Vale o sacrifício para que as crianças não sejam condenadas ao prejuízo irreparável de um aprendizado básico que mistura precariedades materiais, carências pedagógicas e frustrações docentes insanáveis.

De nada adianta construir salas de aula, comprar computadores, distribuir milhões de livros didáticos, reforçar a merenda escolar, elaborar projetos ambiciosos de inclusão digital. Sem professor, toda essa parafernália é inútil. Não se pode falar em educação sem a presença e a liderança participativa de mestres motivados com o que fazem, reconhecidos no significado social de sua missão, continuamente atualizados, poupados do estresse da luta pela vida na selva do cotidiano, estimulados por uma carreira respeitada pela sociedade e remunerados à altura de seu inegável merecimento. Um bom professor é capaz de educar bem até fora da sala de aula. Uma boa sala de aula, com professor desvalorizado ou ausente, não será suficiente para educar as crianças que a freqüentam, por mais caros que sejam o mobiliário e os equipamentos disponíveis.

Investir na carreira do magistério é requisito insubstituível para a transformação social que o Brasil vem adiando há muito tempo, com resultados catastróficos para a maioria dos cidadãos. O professor é o principal agente de mudanças em qualquer sociedade. As mais desenvolvidas são justamente as que reverenciam essa figura humana singular, responsável pela metamorfose que converte o indivíduo em pessoa. Quem se entrega à tarefa de educar é um ser humano especial, que labora no universo do intelecto com sensibilidade e desenvoltura, sem as quais a socialização do conhecimento como pressuposto da soberania nacional seria meta de impossível alcance. É ele quem alimenta a alma da infância e da adolescência com os ingredientes essenciais que, fermentados pela energia das idéias progressivamente descobertas, cresce em consistência e evolui para a maturidade com o tempero dos valores éticos fundamentais.

O papel do professor é intransferível, seu valor incalculável. Banalizar esse exercício profissional é violentar o cerne da sociedade humana e retirar-lhe a perspectiva de crescimento harmônico, alcançado no equilíbrio das virtudes potenciais que se revelam no processo de ensino e aprendizagem, entendido como interação interpessoal por excelência.

A falta de professores às vésperas do início das atividades escolares é sinal revelador de que a profissão perde o vigor necessário para despertar vocações. Os mestres vivem mal. Ganham pouco. Correm de uma escola para outra. Exibem sintomas de estresse. Deprimem-se. Tornam-se doentes. Aposentam-se mal. Envelhecem precocemente. Têm vida familiar prejudicada pela estafa. Convivem pouco com seus entes queridos. Carecem de tempo e recursos financeiros para se aprimorarem. Sobrevivem como proletários da educação, nutrindo-se das parcas e difíceis conquistas de suas representações sindicais.

Nesse quadro negro do magistério, fica difícil imaginar que a profissão não tenda a se extinguir. O êxodo dos professores das escolas públicas – triste realidade do momento – demonstra-o de maneira incontestável. Resta a resistência dos que ainda conseguem mobilizar as sístoles de seu coração valente para um ato de doação pessoal cujo mérito a sociedade reconhece cada vez menos, numa época em que o consumismo globalizado é o supremo valor da sociedade humana. Quando os profissionais do ensino precisam recorrer à greve para defender seus direitos, a educação pública dá mostras de que perdeu o rumo. Perdeu o professor.

Universidade Pública e Soberania

O processo de destruição cultural da nação brasileira, aprofundado com o golpe de 1964, entrou em sua fase mais elaborada nos governos civis que se sucederam nos últimos 10 anos. Foi-se vendendo a alma nacional no balcão da economia globalizada, restando apenas o corpo, com alguma aparência tupiniquim, a revelar ainda o País que um dia já fomos. Quanto ao mais, vamos assumindo as cores das bandeiras dos produtos que consumimos, com a bulimia voluptuosa dos colonizados, no transe alucinógeno da maravilha dos importados.

A universidade pública é, atualmente, um dos últimos redutos de resistência contra essa escalada rumo à desapropriação do País. Por esse motivo, sua desarticulação vem sendo a meta preferencial dos governos comprometidos em desfigurar e internacionalizar o Brasil. Não a deixam funcionar livremente. Querem aniquilá-la para sepultar o sentimento nacional que ainda cultiva e dissemina, como um sonho legítimo de libertação da dependência colonial que nos espolia e enfraquece.

Depois de tentarem, em vão, dominá-la pelo terror e pela repressão, os governos militares adotaram a política astuciosa de abertura do ensino superior à iniciativa privada, com o objetivo de reduzir a influência da universidade pública no País. Desencadearam a proliferação vertiginosa de universidades privadas surgindo, assim, uma multidão de professores e estudantes regidos pelos interesses das empresas criadas com tal finalidade.

Entretanto, essa engenhosa estratégia fracassou porque, apesar de tudo, a qualidade do ensino público foi sempre melhor e a pesquisa e produção de conhecimentos continuou sendo atributo praticamente exclusivo da universidade pública.

Mais recentemente, os governos passaram a dizer que essa instituição é cara e pouco produtiva. A saída seria, pois, privatizá-la para aumentar a eficiência e eliminar os gastos do Estado com a educação superior. Porém, como a sociedade não embarcou na idéia de acabar com sua universidade, a alternativa escolhida foi a de matá-la por inanição. Os salários foram aviltados para desencorajar o engajamento de professores e cientistas e os recursos para sua manutenção foram desviados, condenando-a a um período de verdadeiro inferno astral.

Uma vez mais, para desespero dos estrategistas, a instituição resiste heroicamente. Ignoram que a universidade "não é apenas o produto acidental de um regime ou de uma época, mas uma instituição típica de toda civilização", como já assinalava Alceu de Amoroso Lima há mais de 40 anos. Por isso, não é fácil desmontá-la, como quiseram, até aqui, os governos brasileiros desde 1964.

É que o espírito universitário, que lhe dá fundamento e singularidade, converte-se em energia humana transcendente toda vez que se põe em risco a sua sobrevivência como instituição referencial da sociedade. Foi o caso, por exemplo, da Universidade de Bruxelas durante a ocupação nazista. Professores e alunos mantiveram-na viva, fora do *campus* e na clandestinidade, protegendo-a contra a ameaça do terror que tramava a sua extinção.

O projeto que a economia internacional definiu para nosso país não admite a existência de universidade pública autônoma. Em seu lugar, devem se multiplicar pseudo-universidades, privadas, atreladas ao modelo econômico imposto, submissas e subalternas, destinadas unicamente a reproduzir os postulados da nova ordem.

Por isso, se a sociedade quer preservar seus valores nacionais, como pressupostos de uma relação internacional soberana e profícua, deve impedir esse atentado contra a inteligência pátria e defender a sobrevivência e autonomia da universidade pública como patrimônio inalienável da nação brasileira.

Presídios ou Escolas?

As rebeliões de presidiários são focos do incêndio social que não se consegue apagar do cotidiano brasileiro. De Carandiru a Benfica, passando por Bangu ou Ary Franco, a ira dos presos — quase todos pobres — explode em várias prisões com espetáculos de chocante violência, quando não de chacinas horripilantes.

Atribuídas à periculosidade dos detentos, ou à corrupção dos policiais, ocultam a realidade que as elites teimam em ignorar. A sociedade brasileira, com desigualdades sociais nunca resolvidas, evolui do impasse para o caos, convertendo-se em fonte da criminalidade e da violência que se expandem pelo País.

Entre 1995 e 2003, a população carcerária cresceu de 148.760 para 308.304, conforme relatório da ouvidora do sistema penitenciário do Rio de Janeiro, Julita Lemgruber. No mesmo período, o déficit de vagas alcançou 128.815. Apinhadas de gente portadora de toda a variedade de instintos e compulsões patológicas, com as mais diversas formas de pensar e delinqüir, as prisões são verdadeiras jaulas abarrotadas de homens e mulheres tornados feras, trancados e apartados da sociedade. Não estão privados apenas da liberdade. Faltam-lhes espaço e privacidade mínima para cumprirem as penas com dignidade indispensável à sua recuperação. A menos que não se acredite, de fato, nessa possibilidade. Nesse caso, seria mais coerente a prisão perpétua em condições menos cruéis.

A reclusão dos condenados é procedimento antigo na história da humanidade. Sempre foi a sanção para os crimes mais graves. Mesmo na atualidade, quando se assiste à suprema barbarização da vida nos presídios. Nada mudou no submundo das antigas masmorras. De inovador, apenas o uso de tecnologia de ponta para as execuções que ocorrem nos países onde ainda vigora a pena de morte.

Com raras exceções, as prisões não passam de engenhosas franquias do inferno, redutos promíscuos de corrupção, perversidade, maus-tratos, imundície, doenças e miséria humana. Diante de semelhante cenário de atrocidades tão rotineiras, a pena de morte chega a parecer mais ética do que a pena de vida cumprida em condições de tamanha degradação.

O criminoso não é detido para sofrer violência. É condenado unicamente à pena de privação da liberdade, por si só pesadíssima se considerada a liberdade como valor essencial à fruição da vida em plenitude. A prisão é somente o local concebido para privá-lo da liberdade. Não é a pena. É um meio de executá-la. Não o único. Em algumas circunstâncias, a prisão domiciliar é a forma de privação da liberdade. A moradia do criminoso torna-se sua própria prisão.

Privação de liberdade não é condenação à tortura física, à humilhação emocional, à sevícia, à interrupção do sono, à má alimentação e a outros tantos castigos corporais infligidos aos detentos. Isso é pura liberação do sadismo de quem tem o controle das prisões. Não se justifica. Não se sustenta na sentença judicial, que determina tão somente a privação da liberdade.

O egresso do presídio é menos discriminado por haver cometido crime do que pelo estigma indelével que traz dessa escola de horrores que são as prisões – verdadeiras incubadoras de vícios e defeitos irreversíveis. Tal como os manicômios, os presídios desvirtuaram-se de sua finalidade. Em nada contribuem para melhorar a sociedade, ou para reduzir a criminalidade. Afinal, a paz social que almejamos não resultará da uma guerra entre mocinhos e bandidos nem da tortura e massacre de detentos. As raízes da violência são muito mais profundas e complexas.

Só há duas soluções para a superlotação e os motins dos presidiários. Prender menos ou construir mais presídios. Para prender menos, é preciso desenvolver o País. Para construir mais presídios, há que se construir menos escolas e abdicar do desenvolvimento. O resultado será mais delinqüência e necessidade ilimitada de vagas em penitenciárias. Impossível, portanto, prender menos sem educar as crianças, gerar emprego para os adultos, cuidar da saúde das pessoas, investir no lazer e no bem-estar comum.

É uma questão de escolha. Queremos viver numa sociedade fraterna, com residências separadas por cercas vivas, ou preferimos a segurança dos carros blindados, das grades eletrificadas e dos *pit-bulls* estripadores? Queremos uma juventude bonita, educada, livre e consciente, ou preferimos ver nossos jovens desesperançados, sem amanhã, reféns da droga e do crime, mantidos como monstros atrás das grades? Se continuarmos protelando a escolha, os presídios prevalecerão sobre as escolas, e a barbárie, sobre a civilização.

MAIORIDADE PENAL: PALIATIVO DE SOCIEDADE DOENTE

Tratar sintomas não cura doenças. Nem as previne. Só as faz tornarem-se crônicas. Sem o reconhecimento das causas das enfermidades, não há terapêutica nem prevenção apropriadas. O mal propaga-se, torna-se mais virulento, desafia remédios propostos para reduzir sua prevalência. As medidas de controle formuladas pelo reducionismo simplista de pessoas impressionadas pelas doenças são inconsistentes, ineficazes. Controlam apenas a ansiedade e o pânico de quem quer acreditar em sua validade.

Era o que se fazia durante epidemias no período anterior ao advento da Ciência. Doentes eram confinados para afastá-los do convívio com os indivíduos sadios. Queimavam-se casas, roupas, móveis e pertences de portadores de doenças aparentemente contagiosas. Exorcizavam-se demônios que dominavam a alma das pessoas. Leprosários e manicômios eram construídos para impor limites à propagação de males cujas verdadeiras causas se ignorava. Assim se fez com as enfermidades que afetavam o indivíduo. Assim se faz ainda com as doenças que acometem as sociedades.

Nos tempos atuais, a situação é outra. As causas das enfermidades sociais são conhecidas. As responsabilidades, embora difusas, são de todos. Não há como ignorá-las. Medidas paliativas de nada servem. São mecanismos de fuga. Processos psicológicos de deslocamento da culpa que não se quer admitir.

A sociedade brasileira está gravemente enferma. Seu tecido social é deliqüescente. Seus órgãos padecem de corrupção que os corrói com o poder devastador da gangrena. Suas funções estruturantes perverteram-se no caos das disputas de privilégios. A injustiça campeia como micróbio resistente que lhe contamina as entranhas. As discriminações sociais, raciais e econômicas aparecem em seu corpo deformado como chagas profundas, em incessante progressão. O País recusa-se a olhar no espelho. Rejeita o diagnóstico que emerge dos sintomas de sua própria realidade.

O Brasil perdeu o rumo da civilização. Nasceu sob a égide da tirania colonizadora que oprimiu, torturou, matou e saqueou os nativos. Um processo que nada trouxe de avanço em termos de valores éticos, morais ou espirituais. Inaugurou a mentira da evangelização a justificar atrocidades históricas pouco a pouco reveladas. As elites resultantes reproduzem, com traços de modernidade, as mesmas práticas. Apropriam-se dos bens públicos, legislam em causa própria, alternam-se no poder mudando apenas a roupagem.

Crianças e adolescentes não têm lugar numa sociedade de natureza tão egoísta. Suas vidas nada valem porque nada produzem para os negócios do mercado. São estorvos. Diariamente são abandonados, ainda recém-nascidos, em latas de lixo, esgotos, terrenos baldios ou, quando meninos, nas ruas de nossa indiferença ou nas avenidas do nosso descaso. Sua presença incomoda pouca gente. O pedido de socorro que a fragilidade de suas vidas expressa não sensibiliza as mentes anestesiadas pela riqueza material. A infância deixa de existir como período de acesso à plenitude afetiva, nutricional, fase de estimulação adequada, requisito do desenvolvimento mental para a formação de adultos saudáveis, cidadãos.

A destruição da infância é causa maior da doença que acomete a sociedade brasileira. Os sintomas são notórios. Refletem reações de um organismo social enfermo. Quando se agudizam sob forma de tragédia, pensa-se na solução de efeito. Jamais no tratamento da causa, cujo início protela-se há séculos. Não se pode salvar a juventude sem recuperar o ciclo de vida decisivo da infância, perdido nos descaminhos da nossa história. Todo recém-nascido tem direito de se tornar cidadão. Direito à educação plena, desde a fecundação, assegurados os requisitos nutricionais, afetivos, ambientais e lúdicos indispensáveis ao seu crescimento e desenvolvimento.

A crueldade que matou a criança, arrastada em carro roubado por delinqüentes no Rio de Janeiro, é crime que consterna pela brutalidade da forma. Não pelo que representa como delito. A morte de crianças já não emociona a sociedade. Banalizou-se. Nesses momentos contundentes, revigoram-se propostas de tratamento de sintomas, como a idéia mórbida da pena de morte ou a anomalia da redução da maioridade penal, meras tentativas de ocultar os sinais de doença da sociedade, negando-lhe a existência. É mais simples e barato executar jovens e prender crianças que investir na cura da sociedade de que são produto. Afinal, o presídio de segurança máxima é o monumento dos países com educação de qualidade mínima.

CAPÍTULO VII

DA ARTE DO CUIDADO À CIÊNCIA DA CURA

"Nem todos os ungüentos vão aliviar,
nem todos os quebrantos, toda a alquimia..."

Chico Buarque de Hollanda

Amor e Ódio ao Médico

Freud explicou muitas coisas. Quase todas. Algumas não mereceram, porém, sua análise genial. Uma delas é a relação de amor e ódio que se estabelece entre os pacientes e seus médicos.

O acirramento mal compreendido da dialética que movimenta os dois pólos emocionais dessa interação milenar contribui para a progressiva deterioração da própria relação do médico com o paciente. Os resultados são prejudiciais aos dois protagonistas diretamente interessados no êxito do ato profissional exercido.

Os sentimentos antagônicos de ódio e amor tornaram-se mais evidentes na medida em que a medicina foi deixando de ser unicamente arte da cura para se transformar em ciência do diagnóstico e tratamento. O amor ao médico tem sua fonte inesgotável na capacidade que a profissão possui, embora nem sempre, de mitigar a dor e prolongar o tempo de vida dos mortais. Nenhuma outra prática profissional detém tal poder de forma tão explícita. A nenhum outro profissional se recorre quando está em jogo a vida das pessoas. Ou quando se pretende realizar o desejo de impedir a morte produzida pelas doenças ou pelos acidentes.

Nessa circunstância, as mãos do médico são mágicas. Suas palavras operam milagres. Seus gestos comandam a orquestra sinfônica do organismo, afinando os órgãos, ajustando a harmonia dos movimentos, marcando o ritmo das funções para recuperar a sintonia fina da fisiologia perdida. Não há qualquer outra profissão que lide tão diretamente com o equipamento vital do corpo humano, que atinja dimensões orgânicas, funcionais e psicológicas tão primordiais para viabilizar a aspiração de vida que anima todo indivíduo. Por isso, o paciente entrega-se, de corpo e alma, aos cuidados do médico. E o faz porque não lhe resta alternativa. Não há profissional mais completo, em cujas mãos possa colocar a missão de salvar-lhe a vida. Submete-se aos procedimentos mais agressivos, a medicações tóxicas, a cirurgias às vezes mutilantes. Aceita conscientemente todas as condições que lhe são propostas pelo médico, desde que sua chance de se manter vivo possa ser garantida. Percebe, pouco a pouco, que concede ao médico o poder de vida e morte sobre seu corpo. Sobre sua pessoa. Reconhece-lhe a estatura de homem de ciência, detentor dos segredos que lhe podem proporcionar de novo a saúde perdida ou dar fim à sua vida. Atribui-lhe poder quase divino. Admira-o. Fascina-se diante de sua presença, chega a amá-lo por bem da esperança de vida que representa, da certeza de cura que sua imagem irradia. Teme-o, da mesma forma que se teme a todos os entes poderosos. Particularmente àqueles que têm prerrogativas sobre os fenômenos orgânicos de que regulam a vida do organismo humano.

De nenhum outro profissional se depende tão diretamente, durante toda a vida e de maneira tão clara. Desde o pré-natal, passando pelo nascimento, pela infância, adolescência, idade adulta e senescência, o indivíduo está cada vez mais próximo do médico para o diagnóstico e o tratamento das doenças que ocorrem ao longo de sua existência. Para salvar-lhe a vida quando alguma situação mais grave o aproxima da morte.

Toda dependência é incômoda, fragiliza, às vezes chega a humilhar. Nenhuma pessoa que se sabe dependente de outra a estima sempre. Ao contrário, mistura sentimentos antagônicos de gratidão e ódio que se alternam; momentos de orgulho e inveja que se confundem; gestos de admiração e repulsa que se equilibram com dificuldade num mal velado conflito íntimo. Afinal, ninguém gosta de conviver com a consciência de que sua vida é mercê de outrem.

A nenhum outro profissional o ser humano expõe mais abertamente suas entranhas. Tanto as físicas quanto as mentais. A nenhum outro mostra a intimidade de seu corpo, as imperfeições de sua forma, os vícios de seu conteúdo. E não o faz por prazer, nem por decisão espontânea. É condenado a fazê-lo por instinto de sobrevivência. Abre-se por inteiro. Os mais recônditos recantos de sua alma tornam-se visíveis, os mais remotos pensamentos de seu ego são declarados, as mais ocultas aspirações e os mais íntimos desejos pessoais afloram, vêm à tona, revelam-se, descortinam-se. Não há lugar indevassável no corpo nem na mente do homem diante de seu médico. Toda resistência capitula, toda reserva rompe-se, todo silêncio expressa-se. Nem mesmo o inconsciente escapa à perquirição metódica a que se submete a contragosto.

O médico incursiona na vida alheia por dever de ofício. A sociedade concede-lhe, contrafeita, essa prerrogativa singular. Porém, lamenta ter de fazê-lo. Sabe que transfere muito poder ao profissional que registra o nascimento e atesta o óbito da criatura. Mas, não lhe resta alternativa. A sociedade inventou o médico e lhe delegou atribuições de super-homem. Não tinha outra saída. De vez em quando, arrepende-se do que fez. Tenta desinventar o médico. Dá-se conta, porém, de que "ruim com ele, pior sem ele". Ataca-o, desmerece-o, cobra-lhe mais humanismo, busca substituí-lo por outros profissionais, recorre a práticas alternativas de diagnóstico e cura. Termina, contudo, dependente do médico. Morre sempre em suas mãos. Renega-o, mas o exalta. Odeia-o, mas não consegue viver sem amá-lo.

O Fim da Morte Natural

Não se morre mais de morte natural. Morre-se de erro médico. Essa é a tendência que se desenha irreversível no processo de negação do fenômeno biológico da morte. De fato, o desenvolvimento da tecnologia médica, cujo clímax se concentra nas unidades de terapia intensiva, vende a idéia equivocada, na verdade a ilusão, de que é sempre possível evitar que as pessoas morram. Não importa que se convertam em vegetais, respirem por meio de máquinas, se alimentem pelas veias, ou urinem por sondas. Importa que estejam vivos, com o coração pulsando, ainda que sem ritmo nem vigor. Para tudo, a medicina tem um remédio certo, um procedimento técnico adequado. E, assim, a vida prolonga-se indefinidamente, vencendo a morte.

O direito de morrer em casa já não existe mais. Há que se assegurar ao moribundo o pleno acesso aos recursos científicos criados para mantê-lo vivo. A qualquer preço. Mesmo ao impagável preço das diárias e parafernálias da UTI.

Depreende-se, dessa lógica pseudocartesiana aplicada à medicina, que o paciente morre unicamente por falha humana ou mecânica. Falha do médico ou do aparelho utilizado no tratamento. Como o funcionamento dos aparelhos é passível de controle, a morte será sempre conseqüência de erro médico. Esta é a conclusão a que a sociedade humana vai chegando, na medida em que se cultiva a negação da morte natural e se cria a mística da eterna sobrevivência mercê da tecnologia médica moderna. O resultado é um número crescente de indivíduos, adultos e crianças, vegetando cronicamente nos leitos da terapia intensiva, sem qualquer prognóstico de recuperação das funções do intelecto, responsáveis pela inteligência, pela identidade espiritual, pelo patrimônio emocional e afetivo que atestam a condição humana. Mas, se não houver erro médico, as funções vitais desses indivíduos prosseguirão por tempo indeterminado.

Infelizmente, a medicina caiu nessa armadilha que ela mesma criou, isto é, fazer crer que a ciência médica tem solução para todas as doenças que ameaçam a vida. Como conseqüência, a vida passou, para a maioria das pessoas, a ser dependente da infalibilidade do médico. E como já não se crê nem mesmo na infalibilidade do papa, restou a fé na onipotência do médico para salvar-nos de todos os males e nos garantir vida eterna na Terra, já que acreditamos cada vez menos na vida eterna do outro mundo.

No passado, os médicos não eram culpados pela morte de ninguém. Será que erravam menos que os seus colegas de hoje? Ou será que se aceitava mais a morte natural naqueles tempos? O fato é que, para nossos avós, a morte era inevitável, uma espécie de retirada solene deste mundo, cercada da presença de familiares, de amigos e dos representantes de Deus na Terra, os padres. Chegado o momento, a família dispensava o médico e dirigia-se ao sacerdote. Abandonava os medicamentos e recorria aos sacramentos. Era a hora de morrer. Em paz, sem maiores sofrimentos para o paciente, nem maiores atropelos para os que continuavam neste vale de lágrimas. O cenário da despedida final era a própria casa do moribundo. Não era o hospital. O médico acompanhava todo o ritual como amigo da família e do morto. Não interferia no desfecho dessa passagem de um mundo para outro. Ao contrário, respeitava-a e reverenciava-a.

Nos dias de hoje, o quadro é bem outro. Poucos são os que se consideram mortais. A medicina moderna, sem o perceber, acena com a perspectiva da imortalidade. Já quase ninguém aceita a morte como fenômeno natural, inevitável. Passou a ser erro de alguém, passível de incriminação. Nunca do morto. Considera-se que, diante dos avanços da medicina, ninguém mais morreria se não houvesse erro na assistência médica. Nem mesmo aqueles que decidem partir e se enchem de drogas tóxicas, ou os atletas que, em pleno calor da disputa, caem fulminados por infarto ou arritmia irreversível. O médico passa a ser progressivamente o responsável por todas as mortes. Por erro, incompetência, omissão ou outras infringências. Por tudo isso, e de forma sutil, o erro eventualmente ocorrido deixa de ser do médico e torna-se erro médico, envolvendo toda a medicina.

Em 1892, Sir William Osler afirmava com muita sabedoria: "Não fosse pela enorme variação individual, a medicina poderia ser considerada uma ciência e não uma arte". Vale dizer que as reações do organismo humano são muito variáveis e freqüentemente imprevisíveis. Daí, a impossibilidade de enquadrá-las na categoria das ciências exatas.

O equívoco da modernidade é haver conferido à ciência o poder que só a Deus competia e retirado da medicina o sentido da arte que lhe dera reputação. Restou ao médico a fragilidade do conhecimento, de uma ciência que não é exata, a ser usado como instrumento para exercer o mister de garantir imortalidade aos seus clientes. O resultado é a banalização de uma prática que, ao perder a substância da arte que já teve, não adquiriu a precisão exigida de uma ciência exata, que nunca poderá ter. O mesmo destino não atingiu outras profissões, seja porque se baseiam em ciências exatas, seja porque se mantiveram muito mais como artes do que como exercício científico.

No Brasil, os processos em curso envolvendo médicos, pacientes e instituições de saúde somam mais de 300 mil, segundo informações do Superior Tribunal de Justiça (STJ). Todos fundados na frustração diante dos resultados desfavoráveis de intervenções médicas, isto é, do suposto erro médico.

A descaracterização judicial da morte natural exime as seguradoras de pagarem o eventual seguro de vida à família do finado. Obriga, por outro lado, ao médico, o pagamento de indenização a título de compensação pelo erro cometido, identificado como única explicação possível para a morte do paciente. Ganham, mais uma vez, as seguradoras que vendem aos médicos o seguro para indenizações a serem pagas em virtude de sua prática profissional.

Se a medicina continuar alimentando a nova fé na imortalidade terrena, o número de processos contra os médicos não terá limite. Afinal, ninguém mais morrerá de morte natural. Só de erro médico.

Humanização da Medicina

A medicina é, por excelência, a arte da relação humana a serviço da cura dos doentes e da promoção do seu bem-estar físico, mental e social. Os métodos, as técnicas e os procedimentos de que se vale para realizar tais objetivos são importantes, porém complementares. Mudam com o tempo, cedem ao ritmo das conquistas científicas, aprimoram-se. Não passam, contudo, de componentes auxiliares de uma profissão que tem, na relação humana, o cerne imutável de seu exercício, a razão de sua essencialidade.

Por se tratar de uma atividade criada pelo homem, carrega os erros e acertos de sua trajetória histórica. Não paira acima do bem e do mal. Reflete, no campo de sua atuação, a forma e o conteúdo dos valores humanos que prevalecem no organismo social. Não tem o poder de mudar a sociedade nem o condão de operar milagres existenciais. Sua função é relevante, mas o alcance de seus atos é tão limitado quanto o fenômeno de que se ocupa, a vida. Espera-se do médico sensibilidade, cordialidade, compaixão, solidariedade, benevolência, comportamento ético, a par de conhecimento científico atualizado e virtuosismo técnico. Não se pode esperar infalibilidade.

Reivindica-se atualmente a humanização da assistência médica. Alega-se que o atendimento prestado aos doentes tornou-se desumano. Que os hospitais converteram-se em empresas frias, insensíveis. Que o sofrimento dos enfermos não comove o médico cada dia mais materialista. Mas, como imaginar evolução diferente para a medicina numa sociedade onde imperam a moral dos bancos, a ética dos investidores, a redução do Estado, a degradação dos serviços públicos, o descaso com as instituições de saúde, a voracidade da indústria farmacêutica e a ausência de investimentos na área social?

Em todos os países, a realidade da atenção à saúde decorre do modelo econômico dominante. A desconsideração desse princípio fundamental está na origem de concepções bem-intencionadas, porém reducionistas, que atribuem a programas de humanização da assistência médica a capacidade, que não possuem, de modificar a prática de uma profissão que é vítima – como muitas outras – do tipo de sociedade em que se desenvolve.

De fato, a sociedade brasileira apóia-se em fundamentos econômicos que geram sofrimentos e doenças em profusão. Produz milhões de pobres e miseráveis aos quais nega as mínimas condições de vida humana. Nega à medicina, particularmente à pública, os requisitos técnicos e institucionais indispensáveis à plena aplicação de suas competências. Veda, à maioria dos pacientes, pela pobreza, o acesso aos recursos diagnósticos e terapêuticos necessários ao tratamento de suas doenças.

É ledo engano acreditar que a simples humanização da assistência médica seja capaz de diminuir o sofrimento do povo brasileiro. Na verdade, a humanização que se impõe é a dos assistidos, isto é, a dos brasileiros marginalizados, aos quais cumpre assegurar o que nunca tiveram: moradia decente, alimentação adequada, emprego digno, salário compatível, educação, lazer, ambiente saudável, auto-estima. Caso contrário, é aceitar que somente tenham direito à condição humana aqueles que se tornam doentes e recebem cuidados médicos. Mesmo porque, depois de tratados, retornam à situação degradante em que sobrevivem.

A medicina brasileira não é mais desumana que a sociedade brasileira. A maioria dos médicos faz muito com o pouco de que dispõe. A medicina só será mais humana quando a sociedade o for. Quando todos os cidadãos estiverem bem nutridos, instruídos, participando, em grau de igualdade, da construção do País. Quando a Justiça for ágil e acessível a todos. Quando a educação e a saúde forem um bem comum. Quando não houver mais necessidade de programas para populações carentes. Quando os preços do arroz, feijão, carne, botijão de gás, conta telefônica, transporte, segurança, educação, aluguel e remédios, tiverem o mesmo peso no orçamento de todos os brasileiros. Quando não houver mais favelas, periferias, barracos e submundos. Aí, sim, poderemos falar em medicina humana para seres humanos, e não para os espectros da atualidade.

Nos *Diálogos*, de Platão, o hóspede de Atenas afirma: "Então, admites que os doentes, no nosso Estado, são de duas classes: os livres e os escravos. Os escravos são tratados pelos médicos igualmente escravos... O paciente livre, ao contrário, é curado por um médico livre que estuda e observa a natureza das doenças e, desde o início, fornece informações ao doente e a seus amigos... Não prescreve nada sem antes ter convencido o paciente, e procura encaminhá-lo à cura total...".

O que se passava na Grécia Antiga verifica-se ainda hoje no Brasil. Assim como ocorria naquela sociedade, convivemos com enorme população de doentes escravos. Sua ascensão social não será obra de simples programas de humanização da medicina, mas de profunda transformação do modelo de sociedade em que vivemos.

Aqueles que Devem Morrer

A vida saudável é um direito do cidadão e um dever do Estado. A morte natural é também um direito do cidadão, mas não é um dever do Estado. Seria insano delegar ao ente estatal a competência para regulamentar a morte das pessoas. Os exemplos da história são tenebrosos. O mais recente levou ao holocausto.

O Ministério da Saúde anunciou que pretende controlar o acesso do cidadão às unidades de terapia intensiva. Em outras palavras, definir quem pode ser salvo e quem deve morrer. Uma inaceitável intromissão do governo em território ético-filosófico onde não se admite a sua presença.

A UTI surgiu como estratégia para unificar o tratamento de doentes graves, antes dispersos pelo hospital. A intenção era reduzir custos e melhorar a qualidade dos cuidados para aumentar as chances de recuperação de sua saúde. Os resultados foram imediatos. O conhecimento científico especializado evoluiu, os benefícios mostraram-se animadores. Mas, os custos dispararam. A despesa para manter vivo um paciente internado na UTI não parou de crescer. É o preço do progresso. Não há saída para os governos além de pagarem a conta. Afinal, todo cidadão tem direito à melhor medicina de seu tempo. Para tanto, paga impostos extorsivos.

A indicação de tratamento intensivo é da alçada exclusiva da medicina. Ao Estado cabe, tão somente, prover condições para execução do que for decidido entre o médico e o paciente ou seus familiares. Não lhe incumbe participar de decisão tão próxima a verdades existenciais maiores, que escapam aos seus atributos. Não pode ter esta prerrogativa, sob pena de se romper o que ainda resta de salvaguarda do cidadão contra as violências estatais, que não são poucas.

A UTI pode não ser o lugar ideal para vida humana finar, mas é o recurso do momento. Na terapia intensiva, o organismo humano adapta-se aos artifícios de que passa a depender para manter-se funcionando. Respira com a ajuda de aparelhos, bate o coração com a energia de pilhas, urina pela sonda, alimenta-se pela bomba de infusão. As máquinas comandam o espetáculo e impõem o conceito cartesiano da vida como simples antítese da morte. Apesar disso, a terapia intensiva melhorou significativamente a sobrevida dos doentes graves. Muitos se recuperam sem seqüelas.

Há doentes, é verdade, que não deixam jamais a UTI. Nem mortos. Também nem tão vivos. São os que vegetam porque perderam o direito de morrer. Por razões afetivas, seus familiares preferem tê-los vivendo mecanicamente a vê-los residindo em paz na cidade dos mortos. Uma concepção cruel, porém própria dos valores culturais da sociedade pós-industrial. Uma visão que só se modificará pela sensibilização ética das pessoas. Não por razões puramente econômicas. Nem pela intervenção do Estado, que não pode entrar no mérito de questões que têm mais a ver com a metafísica do que com as metas físicas de governos.

O Estado só se justifica quando atua no plano coletivo, respeitando sempre a soleira da porta que dá acesso à intimidade do cidadão. Se a transpuser, cometerá violência contra o indivíduo socializado em pessoa, figura que o precede na escala dos valores humanos. Por isso, o regime democrático não concebe qualquer norma estatal em terreno onde vicejam as privacidades mais caras ao ser humano.

A medicina atual mudou o cenário da morte. Levou-a do domicílio para o hospital e da enfermaria para a UTI. É o caminho da modernidade nascida da revolução industrial, movida a tecnologia e muito equipamento. Negá-lo a uns e permiti-lo a outros é discriminação flagrante, moralmente indefensável.

A tentação totalitária não cessa de construir pretextos para justificar intromissão do Estado em assuntos que não lhe dizem respeito. Alia-se, na atualidade, ao fundamentalismo econômico para reduzir as razões ontológicas – cuja profundidade ignora – à análise simplista de fórmulas e equações frias que contabilizam unicamente receitas e despesas onde há vidas, direitos, angústias, alegrias, tristezas, aspirações de bem viver, emoções e sofrimentos.

No campo da saúde, pela natureza complexa do seu objeto, só há duas medidas possíveis para se alcançar o equilíbrio orçamentário. Ou se aumentam as receitas ou se eliminam os direitos. Não há outra escolha. No caso da UTI, ou se respeita o acesso universal, princípio do SUS, ou o Estado atropela direitos e fornece a relação diária dos nomes daqueles que devem morrer. Um novo holocausto está em curso no planeta. É sutil e tem motivação exclusivamente econômica. Todo cuidado é pouco.

Cura ou Prevenção: Falso Dilema

O maniqueísmo é sinal inquietante de decadência intelectual e ética da sociedade humana. Revela pobreza de espírito e intolerância incompatíveis com o grau de consciência alcançado pela espécie ao longo de sua penosa evolução. É a concepção pseudofilosófica responsável pelas mais acintosas distorções de conceitos e pelas mais estúpidas delimitações de valores morais. Seu ressurgimento na atualidade brasileira denota a recaída na lógica do atraso que, mais de uma vez, provocou desastres na história da humanidade.

Dado o caráter insidioso dessa perversão, toda vigilância é pouca. Seu poder de infiltração na mente humana é muito grande. Configura-se, com freqüência, como aparente avanço nos critérios de definição da verdade, gerando os pólos de beatitude e de maldade diabólica em constante antagonismo.

O risco de tal dualidade inconciliável na visão do mundo é ameaçador. A verdade não é única, nem absoluta. Ao contrário, é relativa e depende essencialmente de referenciais escolhidos para sua consideração. Afinal, a interpretação de méritos morais não se restringe ao reducionismo simplista do confronto entre pokémons do bem e do mal.

O Brasil de hoje assiste aos embates maniqueístas em variados setores de atividades. Principalmente, naqueles mais ligados às políticas públicas, e de maneira mais acentuada no campo da saúde. Com efeito, desde o início do século passado, a partir de movimento liderado pela Fundação Rockfeller, aprofunda-se um fosso irracional entre conceitos indissociáveis, tais como cura e prevenção, medicina e saúde pública, assistência primária e tecnologia, sanitaristas e médicos.

Construiu-se, em decorrência desse equívoco impressionante, o discurso cada vez mais radical dos profissionais que assumem a arrogância de uma formação sanitarista pretensamente sobreposta à milenar prática da medicina, apresentando-se como vanguarda do bem contra o passadismo do atendimento médico. Grande número desses profissionais é constituído por médicos que nunca exerceram a profissão ou que deixaram de fazê-lo, seja porque não se identificavam com sua prática, seja porque se sentiram incapazes de suportar a modalidade de trabalho implicada. São dissidentes da medicina convertidos à condição de sanitaristas. Não lhes é possível dedicar-se à atividade autônoma. Só lhes resta trabalhar no serviço público. Por isso, ocupam a maioria dos cargos do Ministério da Saúde e das Secretarias de Saúde estaduais e municipais, onde são coordenadores de áreas, gestores, assessores etc. Deles, derivam normas e regulamentos para a dinâmica dos serviços de saúde, quase sempre destoantes da realidade que não freqüentam e dos serviços de atendimento público que não utilizam para suas necessidades pessoais de saúde. Afinal, todos eles valem-se da rede privada, por meio de planos de saúde a que se filiam.

Aliam-se a profissionais de outras áreas, com os quais constroem nova estrutura de poder no domínio dos serviços públicos, baseada na delegação de competências médicas a essas novas categorias profissionais. Justificam essa estratégia reducionista pela banalização da assistência primária – por ser simples, qualquer profissional pode fazê-la – e pelo discurso contrário a toda forma de tecnologia em saúde, que satanizam como fonte do hospitalocentrismo por eles abominado. Principalmente quando se trata da assistência à saúde dos outros, não da sua própria.

Consideram-se reservas de humanismo e pregam a humanização da medicina, que pretendem liderar, como verdadeiros cruzados, rumo à libertação do santo sepulcro. Imbuídos de fúria salvacionista, declaram guerra aos desprezíveis adversários que encontram pelo caminho e deles divergem.

Como proeminentes aiatolás do fundamentalismo sanitário que os anima, repetem, à exaustão, palavras e expressões inconfundíveis, por meio das quais todos se identificam como fiéis da mesma religião. Assim, há "atores sociais", "cenários", "novos paradigmas", "direcionalidades", "vieses de foco" e muitos outros jargões do catecismo que aprendem e ensinam aos iniciantes. Mas, a saúde coletiva de que falam depende essencialmente de cuidados individuais, do atendimento de pessoas, tal como se faz na consulta médica. Imaginam um coletivo sem individualidades. Uma sociedade sem doenças. Um atendimento à saúde sem custo. Um mundo sem médicos.

Difícil conceber desserviço maior à evolução da saúde no País. De fato, não há qualquer sentido em se retirar, do médico, parte das habilidades técnicas, para as quais foi formado, e transferi-las para o universo de atuação de outros profissionais, para as quais não foram formados. É o mesmo que considerar o Brasil um país sumamente atrasado, que não dispõe dos profissionais de saúde requeridos para os distintos graus de complexidade dos cuidados prestados à população, como é o caso de muitos povos dos países em desenvolvimento. Nesse caso, aceita-se que qualquer recurso humano, minimamente treinado, possa garantir assistência primária à população. Não é o ideal, nem o desejável. É o possível.

Não chega a tanto, felizmente, a nossa situação. Passamos, há muito, da fase de nos contentarmos com o possível. Não estamos tão distantes do ideal. A maioria de nossa população já pode ter realizado seu direito de ser atendida por médicos que diagnosticam e prescrevem e por enfermeiros, nutricionistas, fisioterapeutas, bem como por outros profissionais que asseguram a completude qualificada dos cuidados com a saúde. A delimitação dos campos de trabalho é requisito para qualidade a ser perseguida.

Os sanitaristas do País rechaçam a participação de médicos nas políticas públicas. Argumentam que falta ao médico o componente sociológico indispensável à compreensão do processo saúde/doença e, como conseqüência, só se prestaria à execução de atribuições essencialmente técnicas. Na verdade, o tempero sociológico da formação médica somente se perdeu por força da expansão corporativa de sanitaristas que excluem a presença da medicina na execução de programas e estratégias propostas para a promoção da saúde.

Médicos e sanitaristas completam-se, particularmente quando se fala tanto em visão holística da saúde. O que falta, para que se alcance os benefícios dessa concepção filosófica dos cuidados, é menos discurso e mais ação integradora. O médico deveria acumular conhecimentos que formam o cerne do sanitarista e o sanitarista, de formação médica, deveria exercer a medicina.

A prestação de cuidado à saúde das pessoas é o ponto para a convergência desses dois campos de atuação que se enfrentam e se criticam reciprocamente. O primeiro tem a prática sem discurso, o segundo tem o discurso sem prática. Uns identificam as partes sem situá-las no todo, enquanto os outros só vêem o todo sem enxergar as partes que o compõem. Ambos precisam adquirir o que lhes falta. Prevenção e cura são faces iguais de uma mesma moeda, isto é, o cuidado com a saúde do indivíduo. Tudo o mais é insignificante. Não passa de falso dilema.

A "Despediatrização"
da Atenção Primária à Saúde

Mais do que simples neologismo, a expressão traduz uma tendência cada vez mais evidente nas estratégias e políticas públicas de saúde voltadas para a atenção primária da população infantil.

De fato, tanto o Programa de Saúde da Família (PSF) quanto a Atenção Integral às Doenças Prevalentes da Infância (AIDPI), concebidos para ampliar o acesso da população aos cuidados primários de saúde, passaram a excluir a participação mais direta do pediatra, delegando suas competências técnico-científicas a outros profissionais cuja formação não teve a profundidade nem a ênfase dos conhecimentos indispensáveis ao atendimento qualificado de crianças e adolescentes.

Trata-se, à evidência, de uma visão distorcida do que representa verdadeiramente a atenção primária. Parte-se da conceituação – de resto equivocada – de que tal nível de assistência pressupõe simplificações e reducionismos que o tornem passível de ser assegurado por qualquer profissional, treinado durante algumas dezenas de horas para a execução de protocolos de diagnóstico e tratamento padronizados.

Escapa aos limites de semelhante delimitação conceitual a evidência incontesta de que os cuidados em nível primário exigem elevada performance qualitativa, a fim de que sejam, a um só tempo, abrangentes e resolutivos. Seus planejadores desconhecem, por certo, que a maioria dos problemas de saúde requer, para sua solução adequada, a combinação de experiências e conhecimentos que as conquistas científicas vêm colocando à disposição das práticas sanitárias, com a especificidade inerente aos distintos domínios da atuação profissional. Por isso, não cabe falar em simplificação de procedimentos para redução de custos na atenção primária, tal como tem sido formulado. Na verdade, a simplificação só pode ser feita por alguém que tenha conhecimento profundo do assunto que é objeto de seu mister. Em outras palavras, ninguém simplifica o que desconhece.

Incapazes de exercer qualquer fascínio sobre as camadas bem aquinhoadas da sociedade, as referidas estratégias e políticas públicas de saúde ficam restritas aos segmentos populacionais menos favorecidos, aos quais se oferece acesso à assistência simplificada, dita humanizada, largamente dissociada de outros ingredientes essenciais à verdadeira conquista da cidadania, que viabilize a mobilidade social libertadora.

Não se nega o mérito das iniciativas que vêm propiciando cuidados à saúde de grande parcela de despossuídos no País. Contudo, é chegada a hora de começar a desfazer diferenças que discriminam os cidadãos. A qualidade do atendimento primário às crianças deve ser a mesma, independentemente da classe social a que pertençam. Por isso, "despediatrizar" a atenção primária para os mais pobres nada mais é do que perpetuar injustiças em nome de um estranho processo de humanização que lhes nega os recursos qualificados que aos ricos garante. Nenhum gestor do SUS, nenhum coordenador de políticas públicas, nenhum secretário ou ministro da Saúde tem seus filhos assistidos por cuidadores simplificados. Não abrem mão do atendimento pediátrico para sua seleta prole. Simplificação, só para os filhos dos outros.

Se o governo aprendesse a ouvir a voz do povo, as políticas públicas seriam bem diferentes. Não nasceriam da inteligência autoritária nem do ativismo burocrático de ideólogos oniscientes, gênios na formulação de paradigmas avessos à realidade. Com efeito, recente pesquisa do Instituto Datafolha, em amostra populacional representativa de todas as classes socioeconômicas das capitais do País, revela que 97% das mães querem o pediatra para cuidar da saúde de suas crianças. Não reconhecem formação diferenciada para essa missão em outro profissional. Entendem a importância das consultas preventivas e educativas que, no seu entender e na sua expectativa, devem ser atribuição intransferível dos pediatras. Apontam a baixa qualidade no desempenho dos serviços públicos e gostariam de ter acesso ao atendimento dos planos de saúde, a despeito de referir suas imperfeições.

Pensar em promover saúde das crianças excluindo o pediatra é projetar um país parceiro do retrocesso. É aceitar, como irremediável, a brutal distinção de classes, há muito denunciada, ainda que de forma caricata, por um ex-presidente da República, que assim se expressou: "No Brasil, enquanto muitos trabalham e trabalham, outros comem e comem. Ora, isto não está certo, porque se o Criador assim os quisesse, tê-los-ia feito, a uns, só com braços, e a outros, só com bocas."

CAPÍTULO VIII

DA VIDA FINDA À MEMÓRIA DOS FINADOS

"E PELA PAZ DERRADEIRA QUE ENFIM VAI NOS REDIMIR,
DEUS LHE PAGUE."

Chico Buarque de Hollanda

Os Papas da Minha Geração

Minha geração já conheceu seis papas. Viveu a agonia e a morte de cinco deles e aguardou, por quatro vezes, a fumaça branca anunciadora do *habemus papam*. O rito de escolha do sucessor de São Pedro manteve-se intacto, por tradição, conservadorismo, mas, também, por necessidade de garantir o poder do Vaticano.

Nesse período, algumas mudanças abalaram práticas milenares, como o uso do latim nas celebrações rituais e a postura do sacerdote que, durante a missa, permanecia com as costas viradas para os fiéis. Viu-se, também, o desaparecimento da retórica gongórica, pedante e hermética dos sermões que ecoavam, sonoros, nas abóbadas das catedrais, mas não penetravam os ouvidos das assembléias apáticas, submissas e sonolentas. Mudanças de forma, mais que de conteúdo, é verdade. Porém, foram decisivas para a renovação e a sobrevivência da igreja católica na era da ciência, da tecnologia e da comunicação de massas.

Novos tempos, novas práticas. Se a sintonia com as tendências históricas é pressuposto da perpetuação de religiões como a católica, o conservadorismo doutrinário é o cerne da coerência, sem a qual não se constrói a identidade que atravessa os tempos nem se sedimentam verdades com o peso de postulados.

No século passado, várias encíclicas papais acumularam-se no acervo do Vaticano. Duas delas marcaram época e, certamente, contribuíram para a evolução do mundo ocidental cristão. A primeira, Rerum Novarum, do papa Pio XII, representou, para sua época, o referencial luminoso no aprimoramento das relações de trabalho, até então profundamente viciadas por ranços escravistas que, embora tenham resistido até a atualidade, passaram a ser denunciados como injustos e inapropriados à concepção do humanismo integral que se defendia. A segunda, Mater et Magistra, do carismático João XXIII, exaltou corajosamente a socialização num mundo dividido e conturbado pelos conflitos da guerra fria. Provocou muita polêmica, surpreendeu conservadores e desagradou o clero reacionário. Reacendeu, em contrapartida, as esperanças militantes dos movimentos políticos e sociais mais engajados na luta pela construção de uma sociedade igualitária, pacífica e progressista. Produziu avanços, mas acumulou recuos. Com o passar dos anos, perdeu força, caiu no esquecimento.

O pontificado de João Paulo II foi retumbante. Derrubou muros, mas sepultou inovações. Correu o mundo, mas não saiu do lugar. Arrebatou multidões, mas não mobilizou a consciência dos cidadãos para as rupturas exigidas pela história. Comunicou-se em vários idiomas, mas não falou a língua das turbas de miseráveis que só fazem aumentar ao longo dos séculos. Abençoou penitentes de todos os credos, mas não excomungou os hereges da modernidade – os governantes que, em nome de Deus, bombardeiam populações inocentes, matam crianças e idosos, saqueiam cidades, violentam mulheres e expandem o império do dinheiro contra o reino da paz e da justiça.

Enquanto o papa desfilava seu poder espiritual pelas ruas e praças das principais cidades da terra, a socialização perdeu impulso e as conquistas sociais enfraqueceram. A sociedade humana empobreceu-se em valores morais e apequenou o território da ética. A solidariedade dilui-se. Esvaiu-se a alteridade, fundamento da pregação de Cristo. O papa tornou-se figura popular, de rosto conhecido, de fragilidade orgânica comovente. Sua presença física e espiritual foi marcante. Poucas personalidades do século XX foram tão reverenciadas no exercício de uma função pública. Sua imagem pessoal foi sempre muito forte. A suavidade trêmula de seus gestos não escondia um sofrimento interior mal velado que despertava comoção por onde passava. Foi uma das figuras humanas mais presentes na mídia, em todos os tempos. Fez-se mito, adorado no limite da idolatria. Não foi capaz, contudo, de transferir a adoração à sua pessoa para a religião que personificava. Ao contrário, a Igreja Católica viu encolher seu rebanho, particularmente nos estratos mais pobres da população, de onde saíram os primeiros seguidores de Cristo e a opção preferencial da igreja, antes de seu papado.

Os tempos são outros. A fé já não é mais a mesma. O clero está em franca decadência. A laicização da igreja é realidade inelutável. Para o historiador francês Jean Delumeau, a cristandade, entendida como estrutura de poder que reproduz o aparelho do Estado, tem seus dias contados. Só os valores e princípios do cristianismo, renovados pela energia dos leigos, sobreviverão. João Paulo II buscou construir a imagem de um pontificado moderno. Não conseguiu. Usou os recursos de seu tempo para dirigir a igreja à moda antiga. O ciclo pomposo do catolicismo romano possivelmente se esgotará com o seu sucessor. A era da cristandade será ultrapassada pela autenticidade do cristianismo original.

A Rosa Vermelha

O preço da coerência pessoal costuma ser a incompreensão dos circunstantes. Virtude cada dia mais rara num mundo de poucos valores éticos, a perseverança nos princípios morais e nos ideários humanistas perde dimensão ontológica na sociedade pós-industrial. Vale pouco ou quase nada para as gerações educadas sob a égide do consumismo e da primazia que exerce sobre a substância do ser. Daí as mudanças comportamentais que surpreendem, as inversões de atitudes que chocam, as verdades tão efêmeras quanto voláteis, o cinismo a justificar posições volúveis e contraditórias. As pessoas tornam-se imprevisíveis nas decisões. Seus discursos são tão cambiantes quanto suas próprias idéias. Não parecem ser do mesmo autor. Seus escritos não têm fio da meada. São feitos para serem esquecidos. Não se prestam como referências, são incoerentes.

Assim caminha a sociedade, conduzida pelas lideranças que fazem da esperteza, um estilo de vida e da dissimulação, uma profissão de fé. Sua carreira é forjada no oportunismo, sinônimo da desfaçatez. Seu compromisso é discutível na forma e inexistente no conteúdo. As opiniões que emitem, sempre habilmente elaboradas, pouco afirmam ou nada explicitam. Visam ao poder não como meio, mas como fim em si mesmo.

Os líderes coerentes estão morrendo. Entraram em rota de extinção. Restam apenas alguns exemplares, vistos como representantes exóticos de uma era ultrapassada da humanidade. São de outra época, de outro mundo. Nunca deixaram vergar a coluna vertebral de sua personalidade. Mantêm-se os mesmos ao longo de suas existências. Não se dobram aos modismos, não se perdem em atalhos. Avançam. Confrontam. Perdem. Aguardam. Renascem. Enfrentam. São previsíveis, às vezes passionais, freqüentemente emotivos. Humanos, enfim. Suas posições fluem espontaneamente de uma linguagem cristalina, sem rodeios nem circunlóquios mistificadores. Lu-

Da Vida Finda à Memória dos Finados

tam quando a regra é vender-se. Resistem quando é mais fácil e lucrativo capitular. Embora feitos em contextos históricos diferentes, seus discursos completam-se, têm o mesmo cerne, igual engajamento.

A vida pública autêntica requer estreita coerência entre pensamento e ação. Entre discurso e exemplo pessoal. Sem essa virtude capital, carece de sentido, é arremedo, não passa de jogo de conveniências, intercâmbio de interesses e possibilidade de negócios de duvidosa licitude.

O cenário político brasileiro vem mostrando grande escassez de lideranças coerentes. Por isso, pontificam políticos que primam por idéias e decisões de alta rotatividade, exemplares mutantes, proteiformes, escorregadios. A boa cepa, a estirpe respeitável e a geração ética dos homens públicos estão em minoria, em franco declínio, quase extintas. Pode-se discordar de tudo o que defendem, mas não se pode deixar de admirarlhes a altivez, o descortínio, a correção, o compromisso visceral com a independência do País, a soberania nacional, os direitos dos trabalhadores e a libertação social e econômica do povo. Quando expiram, não morrem, ficam encantados como referências vivas para todos os tempos. Assim foi com Luís Carlos Prestes, o Cavaleiro da Esperança; com Sobral Pinto, o advogado católico defensor de comunistas; com João Amazonas, o guerreiro da vida inteira; com Darcy Ribeiro, o senador foragido da UTI para concluir sua obra. Assim passa a ser com Leonel Brizola, um dos últimos remanescentes dos líderes que sonharam com o Brasil brasileiro e que consagraram suas existências à utopia da construção de uma sociedade "sem banquetes nem migalhas", como propunha o ex-governador.

Com o desaparecimento de Brizola, o País perde coerência, ousadia e perseverança, atributos indispensáveis para a resistência que se faz imperiosa no mundo de hoje e indeclinável nas lutas de sempre. Sua influência na história contemporânea do Brasil é reconhecida até pelos mais duros adversários que o combateram. Não lhe negam méritos de homem público sempre fiel às idéias que defendia com pura paixão e invejável contundência. Não lhe desmerecem as muitas rupturas políticas que teve de fazer, produto da coerência inegociável que inspirava a originalidade dos seus impulsos destoantes ou fundamentava os acertos indicados pela sua privilegiada intuição política. Esse, o acervo que deixa para o memorial dos poucos estadistas que honraram a vida pública brasileira com probidade, nacionalismo legítimo, crença nas qualidades do nosso povo e arrebatamento na perseguição dos grandes ideais de justiça que unificam a humanidade. Na terra em que seu corpo repousa, possa florescer a rosa vermelha que plantou.

A MORTE DO GIGANTE GOLIAS

A alegria é um estado de espírito que habitualmente transita pelo território da felicidade. Pode habitar qualquer mente, sem discriminação. Pode brotar espontaneamente do fundo da alma ou emergir das profundezas do pensamento, desencadeada por diversos estímulos circundantes. Exterioriza-se freqüentemente na forma de extroversão prazerosa e se propaga com a força de irresistível contágio mental, capaz de se reproduzir em grande número de pessoas, tal como fantástica epidemia de bem-estar.

O riso é a explosão sonora da alegria, portanto autêntico, involuntário, verdadeiro, indissimulável, irreprimível. Difere do sorriso, expressão facial geralmente silenciosa, voluntária, articulada, produto de encenação momentânea, nem sempre genuína no sentimento que procura expressar. O sorriso não se propaga, é circunscrito ao indivíduo que o esboça. Tampouco exprime a alegria completa do riso. Por vezes, presta-se até a ocultar tristezas e decepções que não se quer revelar.

A humanidade sempre riu de alegria, chorou de sofrimento ou sorriu de efeito. Afinal, a comédia é amiga inseparável da tragédia no movimento quase dialético em que oscilam as emoções humanas. Os comediantes mereceram, em todas as épocas, um lugar privilegiado na estima dos públicos que divertem e alegram com sua arte especial. São personagens da sociedade que desempenham a preciosa missão de promover a saúde do espírito por meio da expansão do bom humor. São figuras populares, estimadas, notáveis. Exploram o lado caricato da realidade, personificam a antítese do comportamento-padrão, dialogam na lógica anticartesiana, exprimem-se na linguagem do povo, gesticulam na cadência da informalidade, surpreendem com o imprevisível, compõem personagens folclóricos do dia-a-dia de todos nós. Por isso, libertam o público da monotonia da vida rotineira, séria, programada, repetitiva, previsível, enfadonha. Liberam a fonte da autenticidade original do ser humano, cuja leveza resta reprimida na pesada latência imposta pelo olhar cinzento de virtudes disciplinares, mais protocolares do que verdadeiras. Daí o riso que os comediantes fazem explodir fácil, generoso, sincero, abundante, na sagração da alegria em que se converte seu indispensável ofício.

Assim foi a missão de Ronald Golias. Uma vida inteira dedicada a alegrar a vida dos outros, sem o direito de mostrar suas próprias fragilidades, incertezas, dramas ou frustrações. Nasceu dotado do carisma da alegria que distribuiu com magnanimidade durante décadas de palco. Socializou o dom do divertimento que lhe era inato, democratizando-o por meio do direito sagrado ao riso espontâneo. Confundiu-se com seus personagens na identificação do nobre papel que lhe coube no mundo da comédia brasileira. Soube ser todos, sendo o único, o singular, o inexcedível Ronald Golias. Fez rir várias gerações, com as quais conviveu sem perder o talento nem o humor. Foi mais gigante do que Ronald. O gigante Golias que resistiu a todos os davis, matando-os de rir antes que pensassem em atirar a primeira pedra. Foi a encarnação do cômico, do hilariante, do engraçado, sem perder jamais a linha. O humor que fazia era sadio, inteligente, sem apelo ao deboche pornográfico, às vezes infantil, meio ingênuo, próximo à nobreza do palhaço, na versão mais clássica desse mister. Combinava uma mímica original, desengonçada, com uma palavra cheia de entonações próprias da retórica dos grandes humoristas.

Rimos muito, todos nós, da figura antológica do Carlos Bronco Dinossauro, metido nas encrencas em que envolvia os demais membros da dinâmica família Trapo, retrato ainda em branco e preto das alegres trapalhadas dos lares de classe média brasileira de então. Um número inesquecível da incipiente TV tupiniquim que marcou época e deixou saudades.

Golias não morreu de velho, coisa que não chegou a ser, apesar de colecionar muitas rugas e anos de vida. A mobilidade e a desenvoltura que exibia nas suas apresentações mais recentes, ao lado de Carlos Alberto de Nóbrega, eram as de sempre, invejáveis, sem artroses nem desequilíbrios ou lapsos de memória. É que a alegria não tem idade, não envelhece. Renova-se a cada instante, como a magia da natureza que apenas muda de forma para respeitar as estações do ano.

A morte do grande comediante é momento menor, embora triste, de uma vida cheia de sentido, autêntica e socialmente útil pelo caminho da arte a serviço do riso. Para as gerações que riram do Bronco, Golias não sai de cena. É inesquecível.